퍼스트 스타트업

"GYAKUSETSU NO START-UP SHIKOU" by Takaaki Umada

Copyright © 2017 Takaaki Umada
All rights reserved.
First published in Japan in 2017 by Chuokoron-Shinsha, Inc.
This Korean edition is published by arrangement with Chuokoron-Shinsha, Inc.,
Tokyo in care of Tuttle-Mori Agency, Inc.,
Tokyo through Linking-Asia International Culture Communication Inc., Seoul.

이 책의 한국어판 저작권은 연아 에이전시를 통한 저작권사와의 독점 계약으로 (주)비전B&P가 소유합니다.
저작권법에 의하여 한국 내에서 보호를 받는 저작물이므로 무단전재와 무단복제를 금합니다.

퍼스트 스타트업

스타트업, 역설적 사고와 전략으로 시작하라!

우마다 타카아키 지음
정윤아 옮김

비전코리아

첫머리에

 휴일 아침, 파자마 차림으로 침대에서 뒹굴며 안드로이드 스마트폰으로 페이스북을 읽는다. 인스타그램(Instagram)에서 여행지의 풍경 사진과 친구들의 글을 읽고 있자니, 문득 여행이 떠나고 싶어진다.
 고등학교 동창을 라인(LINE)으로 불러낸 뒤 갈 만한 곳이 있을지 상의하면서 구글(Google)로 후보 여행지를 검색한다. 행선지가 정해지면 스카이스캐너(Skyscanner) 어플을 이용해 가장 저렴한 비행기 표를 확보한다. 그러고는 에어비앤비(Airbnb)에서 싸고 접근성이 좋은 숙소를 찾아 예약한다. 친절하고 깨끗하다는 이용자의 평을 읽어 보니 여행에 대한 기대감이 저절로 높아진다. 이

제 상세한 여행 계획을 세우기 위해 아마존(Amazon)에서 가이드북을 주문하고 킨들(Kindle)에 다운로드하여 읽기 시작한다……

예전에는 상상하지 못했던 풍경이 이제는 일상이 되었다. 10년 전이었다면 옷을 갈아입고 서점으로 가서 여행지를 골라 가이드북을 사는 일부터 시작했을 것이다. 가이드북을 읽다가 전화로 친구들과 상의하면서 관광지를 결정하는 데에만 며칠이 걸리고, 여행사로 찾아가 차례를 기다린 다음 간신히 담당 직원을 통해 패키지 상품을 예약한다. 어디 그뿐이랴. 은행으로 가서 비용을 입금한 뒤 다시 여행사에서 항공권과 예약 확인서를 받느라 분주히 오가야 했을 것이다. 그랬던 것이 지금은 스마트폰만으로도 완벽하게 끝낼 수 있을 뿐 아니라 훨씬 더 빠르고 싸게 원하는 제품이나 서비스를 손에 넣을 수 있게 되었다.

앞서 예로 들었던 첨단 서비스를 제공하는 기업들 대부분이 창업한 지 20년이 채 되지 않은 신생 기업이다. 그중에는 불과 10년 미만의 기업이나 서비스도 있다.

이미 우리 주변에는 이처럼 단기간에 급성장을 이루고, 세계인의 생활에 녹아든 제품이나 서비스를 제공하는 기업이 넘쳐나고 있다. 이런 기업을 우리는 '스타트업'이라고 한다.

최근 스타트업이 폭발적으로 증가하는 추세다. 미국 최고의 대학에서는 '창업'이 학과 과정으로 자리 잡았으며, 학생들 사이에서는 '주도적으로 창업하고 회사를 경영해 보아야 한다'는 생각이 당연시되고 있다. 예를 들어 자연계열에서 최고 수준의 학교라 평가받는 MIT(매사추세츠공과대학)에서는 졸업 후 5년 이내에 창업하는 비율이 전체의 12퍼센트에 달한다는 통계도 있다. 미국뿐만 아니라 각국 정부에서도 스타트업 창업을 미래 경제성장의 동력으로 삼기 위해 다양한 지원을 아끼지 않는다. 기업 간에도 외부 기술과 지식을 활용하는 개방형 혁신(open innovation)이 붐을 이루고 있는데, 특히 스타트업과의 협업이나 매수를 검토하는 기업이 늘었다. 세계적으로 관심이 높아지는 만큼, 앞으로 스타트업에 종사하는 인력도 증가할 것이다.

그러나 처음 도전하는 사람들에게 스타트업은 막막하게만 느껴진다. 일반적인 비즈니스 사고나 방법론이 제대로 통하지 않는 경우가 많기 때문이다.

한마디로 스타트업은 역설적 사고법을 가져야 한다. '역설'은 '순간적인 추론과 직관적인 판단이 반드시 옳은 것은 아니며 겉으로는 틀려 보여도 실제로는 진리를 담고 있다'는 의미다.

때로는 말도 안 되는, 터무니없는 아이디어나 전략이 스타트업을 성공으로 이끈다. 이와 같은 역설적 사고법을 이해하지 못하면 스타트업은 성공할 수 없다.

따라서 이 책은 스타트업을 준비하는 보다 많은 사람이 역설적 사고법을 이해하도록 돕기 위해 기획되었다. 단, 앞서 언급한 것처럼 스타트업은 일반적인 '창업'과는 다르기에 이 사고법은 어디까지나 '급성장'을 목적으로 하는 사업에만 알맞은 방식임을 명심해야 한다.

나는 외국계 IT기업인 마이크로소프트(Microsoft)에서 비주얼 스튜디오(Visual Studio)라는 소프트웨어를 개발하는 프로젝트 매니저로 근무한 뒤, 소프트웨어 엔지니어로서 최신 기술 정보를 제공하는 테크니컬 에반젤리스트(Technical Evangelist)로 수년간 활동했다. 이후 마이크로소프트 벤처스[Microsoft Ventures(현 Microsoft Accelerator)]가 세계적인 기업으로 발돋움하면서 일본의 스타트업 지원팀으로 일하게 되었다. 최고 수준의 스타트업 지원 노하우와 조직 구성 등을 활용해 일본의 스타트업 성장을 지원하고 있는 것이다.

그 과정에서 스타트업이 세계무대에서 선전하기 위해서는 무엇보다 기술과 인재가 중요하다는 사실을 통감했다. 나는 현재 도쿄대학으로 활동 무대를 옮겨 도쿄대학 산학협력 창업추진본부에서 스타트업과 학생들의 기술 프로젝트를 지원하고 있다.

이 책에서는 지금까지 내가 학생들에게 가르쳤던 스타트업 노하우 가운데 특히 창업과 초기 스타트업에 있어 중요한 3가지 부분, 즉 '아이디어', '전략', '제품'에 관해 집중적으로 설명한다. 그

밖에도 팀과 실행력, 재정 등 스타트업 성공에 필요한 요소는 매우 다양하다. 그러나 본문에서는 스타트업 특유의 역설적인 원칙을 이해시키기 위해 3가지에 초점을 맞추어 이야기할 생각이다. 또한 아무리 능력이 뛰어나더라도 운을 자신의 편으로 만들 수 없다면 성공할 수 없다. 그렇기에 이 책에서는 '운'에 대해서도 다루려 한다. 마지막으로는 스타트업의 역설적 사고법이 커리어 개발이나 투자 등에도 유용하다는 것을 설명한다.

이미 창업을 한 사람이라면 이 책에 실린 것보다 더욱 상세한 노하우가 필요할 것이다. 그런 독자들을 위해 인터넷상에 각종 자료를 준비해 놓았으니 참고하기 바란다(Takaaki Umada Slide로 검색하면 된다). 여기에는 스타트업 사고법을 이해하려는 기업가뿐만 아니라 스타트업과 관련된 독자들을 대상으로 한 내용도 담겨 있다.

이 책이 유용할 독자는 다음과 같이 정리할 수 있다.

- 이제부터 스타트업을 시작하려는 사람
- 이미 스타트업을 시작했지만 최고 수준의 스타트업 전략을 확인하고자 하는 사람
- 창업에 흥미를 가진 대학생과 직장인

그 밖에도 현재 시점에서는 스타트업과 직접 관련이 없다 하더라도 특히 다음에 해당되는 직장인이라면 참고가 될 부분이 많을 것이다.

- 신규 사업 담당자
- 신규 사업을 승인해야 하는 경영자
- 스타트업과 관련된 기업 내 담당자

참고로, 내가 만든 스타트업 관련 슬라이드는 '참고가 될 최소한의 자료를 한눈에 볼 수 있게 정리했다'는 평을 얻고 있다. 이 책 역시 스타트업에 흥미를 가졌거나 이해하고자 하는 사람들에게 도움이 될 거라 확신한다. 주변에 스타트업에 관심 있는 상사나 동료가 있다면 이 책을 소개해 주었으면 한다.

돌이켜 보면, 세계를 바꾼 혁신의 대부분은 작은 신흥 기업으로부터 탄생했다. 지금은 누구나 알 만한 거대 기업도 처음에는 작은 조직에서부터 시작해 지속적인 혁신을 거쳐 성장을 거듭해 왔다. 보다 많은 혁신을 요구받는 현대 사회에서는 스타트업이라는 성장 사업의 중요성이 더욱 부각될 것이다.

따라서 실리콘밸리에서 시작되어 발전한 스타트업의 방법론에 대해 독자들이 이해하고 스타트업에 도전할 환경을 조성하는 데 이 책이 도움을 줄 수 있기를 기대한다.

나는 이 책을 스타트업 특유의 사고법을 이해하기 위한 입문서로 집필했다. 본문에 소개한 사고법은 되도록 많은 독자들에게 유용하게 쓰이도록 가급적 이해하기 쉽게 설명하고자 노력했다.

그리고 스타트업 사고법은 비즈니스뿐 아니라 학술 연구나 자기계발에도 활용할 수 있다. 이 책에서 소개하는 스타트업 사고법이 새로운 무언가를 시작하려는 독자들에게도 도움이 되었으면 한다.

서문의 '스타트업이란?'은 스타트업이라는 말에 익숙하지 않은 독자들을 대상으로 하였다. 이미 스타트업에 대해 나름대로 이해하고 있다면, Chapter 1 '아이디어: 불합리한 것이 합리적이다'부터 읽어도 무방하다.

서문: 스타트업이란?

최근 세계 각국은 국경을 초월해 서로 밀접하게 연결되어 있다. 때문에 한 국가의 위기가 예기치 않게 다른 나라에 큰 충격을 주거나 여타의 작은 일도 서로 영향을 주고받을 수밖에 없어졌다. 세계화(Globalization)가 발달하고 깊숙이 침투하면서 가까운 미래조차 예측하기가 불가능해진 것이다.

한편 과학의 발전과 다양화의 속도는 더욱 가속화되고 있다. 그 결과 기존의 기술이 진부해지고 회사를 지탱할 다음 기술의 중요성은 높아지는 반면, 투자 가능한 기술은 예측하기 어려워졌다. 때문에 기업 역시 장기적인 경쟁력을 갖기 어려워졌다. 안정적으로 보였던 대기업조차 몇 년 사이 난관에 봉착한 예를 얼마든지 찾을 수 있다.

  그러면서 떠오르는 기업 형태가 바로 '스타트업'이다. 스타트업은 세계정세의 불확실성을 오히려 역으로 이용하고, 단기간에 급성장시키는 것을 목표로 한다. 서문에서는 스타트업이 무엇인지에 관해 설명한다.

스타트업의 정의

  다시 한번 말하지만 스타트업은 단기간의 급성장을 목표로 하는 창업 형태다. 신규 기업이라도 짧은 기간 동안 성장하기를 원하지 않는다면 스타트업이라고 할 수 없다. 기간과 상관없이 착실한 성장을 노리는 것은 '스몰 비즈니스'라고 한다.

  벤처캐피털로부터 자금을 조달받는다거나, 첨단 기술 관련 여부와는 상관이 없다. 급성장을 목표로 하지 않는다면 스타트업이 아니다. 반대로, 신규 사업체가 아니더라도 단기간에 빠르게 성장을 도모한다면 스타트업의 성격을 가진 것이다.

  일반적으로 많은 사람이 도전하는 식음료나 이·미용 계통의 창업은 스타트업에 해당하지 않는다. 이러한 비즈니스는 시장의 크기와 고객 단가, 고객 회전율에 있어 성장의 상한선이 거의 정해져 있기 때문이다.

그림 1 스타트업과 스몰 비즈니스

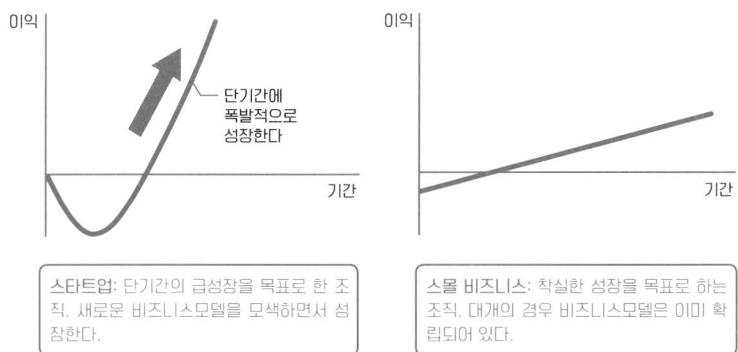

스타트업: 단기간의 급성장을 목표로 한 조직. 새로운 비즈니스모델을 모색하면서 성장한다.

스몰 비즈니스: 착실한 성장을 목표로 하는 조직. 대개의 경우 비즈니스모델은 이미 확립되어 있다.

반면 IT나 기술을 활용해 자사 제품을 제작하는 사업이라면 세계시장에 적용시킬 가능성이 높은 만큼 스타트업이 될 수 있다. 단, IT나 기술을 사용한다고 모두 스타트업은 아니다. 고객이 요청하는 대로 소프트웨어를 만드는 위탁 개발 비즈니스 등은 고객 단가나 성장의 상한선이 어느 정도 결정되어 있기 때문이다.

스타트업인지 아닌지 판단하는 기준은 '급성장을 목표로 하는가'이다. 여기서 혼동하지 말아야 할 것은 스타트업과 스몰 비즈니스 사이에 우열은 존재하지 않는다는 점이다. 오직 '무엇을 목표로 하고 있는가'의 차이만이 있다.

무리하게 사업을 확장하지 않고 일정 규모를 유지한 채 고객에게 새로운 가격을 제공하면서 지속적으로 탁월한 수익을 올리는 스몰 비즈니스도 훌륭한 사업 형태이다. 그러나 이 책에서는 단기간에 급성장을 도모하는 스타트업 사고법을 다루는데, 그 대부분이 스몰 비즈니스에 적용할 수 없다는 점만은 반드시 염두에 두어야 한다.

왜 스타트업인가?

그렇다면 스타트업은 왜 주목받고 있는 것일까.

첫 번째 이유로 혁신을 요구하는 세계적인 분위기를 들 수 있다. 따라서 새로운 기술과 아이디어로 무장한 스타트업을 향한 기대가 높아지는 것은 어쩌면 당연한 결과라 할 수 있다.

실제로 각국 정부는 경제성장을 위한 시책의 일환으로 스타트업이나 일반 창업을 독려하고 있다. 대기업 역시 자사만으로는 연구 개발에 한계가 있음을 자각하고 새로운 혁신 모델을 찾기 위해 스타트업과의 제휴를 시작했다.

일련의 움직임을 배경으로 단기간에 성공을 이룬 신규 기업의 탄생이 이어지고 동시에 성장을 이루기 쉬운 환경이 갖추어졌다는 점도 스타트업 활성화 요인으로 작용하고 있다.

예를 들어 창업에 필요한 이른바 이니셜 코스트[initial cost(초기 비용, 진입 비용)]는 최근 수년간 극적으로 낮아졌다. 소프트웨어 관련 기업이라면 PC 한 대와 클라우드 플랫폼을 활용한 서버만 있다면 언제든지 서비스 개시가 가능하다. 소프트웨어가 진화해 다양한 기술도 보다 저렴하고 신속하게 입수할 수 있다.

그리고 세계 시장에 접근하기도 쉬워졌다. 이제 누구나 스마트폰 애플리케이션을 전 세계 스마트폰 유저를 대상으로 공개하고 판매할 수 있다. 유통이나 물류 역시 진화를 거듭해 전 세계 고객의 문앞까지 상품 배달이 가능해졌다.

이처럼 최근의 비즈니스 환경은 작은 규모에서 단기간에 사업을 확대시키는 스타트업이라는 사업 형태를 활성화시키는 촉매제 역할을 하고 있다.

국가 차원에서의 스타트업 기술 지원 환경도 눈에 띄게 나아졌다. 일본만 해도 국가나 대기업의 직접적인 지원제도가 충실하게 정비되어 있으며, 금융환경 변화로 인해 스타트업을 지원하는 벤처캐피털도 성장했다. 그 결과 창업자들은 스타트업을 시작하는 데 필요한 '리스크 머니(risk money)'를 쉽게 투자받을 수 있게 되었다.

이렇듯 다방면에서 급성장을 노리는 스타트업의 기세는 점점 더 거세지고 있다.

'스타트업 사고'가 체계화되다

급성장을 목표로 하는 스타트업과 그에 따른 지원이 늘어난 것에 발맞춰 스타트업 성공에 필요한 구조와 사고법 또한 점차 체계화되기 시작했다.

그 계기 중 하나가 미국 실리콘밸리에 2000년대 중반부터 스타트업을 지원하는 '액셀러레이터(accelerator)'라 불리는 조직이 탄생한 것이다.

스타트업은 액셀러레이터로부터 소액 투자를 받고 3개월에서 6개월이라는 짧은 기간 동안 액셀러레이터가 제공하는 프로그램에 참가한다. 그 기간 동안 스타트업은 액셀러레이터에서 자사의 사업을 가속화시키기 위한 교육이나 지원, 조언 등을 받을 수 있다.

액셀러레이터라는 조직의 성공에 힘입어 대기업도 '코퍼레이트 액셀러레이터(corporate accelerator)'라는 조직을 설치하게 되었다. 코퍼레이트 액셀러레이터를 통해 자사의 자원을 스타트업에 제공하고, 성장을 지원하면서 빠른 시일 안에 스타트업과 깊은 연관성을 갖고자 노력하는 것이다. 내가 일했던 마이크로소프트 사 역시 마이크로소프트 벤처스(현 마이크로소프트 액셀러레이터)라는 조직을 갖추어 스타트업을 지원했다.

수많은 액셀러레이터 중에서도 최고의 평판과 실력을 자랑하는 것이 2005년에 설립된 Y콤비네이터(Ycombinator)다. 설립 이래 이미 1000개 이상의 스타트업을 지원했고 유명 스타트업도 다수 배출했다. '에어비앤비'나 '드롭박스(Dropbox)' 등이 Y콤비네이터를 거친 스타트업이다.

Y콤비네이터는 프로그램에 응모한 수만 개에 달하는 스타트업 가운데 지원 대상을 선정해 왔기에 분명 그들은 스타트업의 성공과 실패 패턴에 대해 세계에서 가장 잘 아는 조직이라고 할 수 있다.

때문에 스타트업의 트렌드나 스타트업의 설립에 중요한 역설적 사고법을 깊이 이해하고 있다.

Y콤비네이터는 스타트업 지원 노하우를 대학 강의나 세미나, 블로그 등을 통해 거리낌없이 공개한다. 이 책도 그러한 액셀러레이터나 몇몇 스타트업에서 얻어진 이론과 지식을 기초로 하고 있다. 그렇기 때문에 본문에 등장하는 내용의 대부분이 해외의 사례임을 미리 말해 두고자 한다.

생존을 위한 스타트업 사고

Y콤비네이터는 1년에 2회 프로그램을 실시한다. 최근에는 세계 각지에서 1회당 1만여 건에 가깝게 스타트업 희망자가 응모

해 오고 있는데 합격률은 세계 최고의 비즈니스 스쿨인 하버드 비즈니스 스쿨보다 낮다.

어째서 액셀러레이터가 이토록 큰 인기를 끄는 것일까? 그 이유 중 하나는 액셀러레이터가 일종의 비즈니스 스쿨로서의 기능을 수행하고 있기 때문이라는 견해가 있다. 다시 말해 돈을 지불하고 MBA를 취득하여 '프로 관리자'가 되기보다는 창업을 통해 '새로운 사업을 일으키는 경험'을 하는 편이 훨씬 더 커리어에 유용하다고 생각하는 사람이 늘어나고 있다는 얘기다.

2013년 옥스퍼드대학의 마이클 오스본(Michael Osborne)과 칼 프레이(Carl Frey) 박사가 발표한 논문 〈고용의 미래: 컴퓨터에 의해 실직할 것인가(The Future of Employment)〉를 계기로 이른바 '기술 실업'이 공론화되었다.

이는 최근 인공지능이나 로보틱스의 발달에 따른 기대가 원인일 수 있다. 블룸버그 통신에 따르면 은행업 한 가지 업종만 해도 기술에 의한 업무 효율화로 2008년 대비 60만 개의 일자리가 줄었다고 한다.

과거 기계의 발달이 인간이나 동물의 육체노동을 감소시켰던 것처럼 인공지능과 로보틱스의 출현이 인지적 노동까지 감소시키고 있음이 분명해졌다. 그 결과 "중간 정도의 기능을 필요로 하는 직업군은 사라질 것"이라고 거의 모든 논문이 공통적으로 지적하고 있다.

이러한 기술 실업에 대해 한발 앞서 지적했던 MIT의 에릭 브린욜프슨(Erik Brynjolfsson) 교수는 저서 《기계와의 경쟁(Race Against The Machine)》에서 실업에 대비하여 '창업'을 하라고 권한다. 그도 그럴 것이 창업이나 스타트업과 같은 창조성이 요구되는 영역이야말로 인공지능이 따라갈 수 없기 때문이다.

바꾸어 말하자면, <u>새로운 가치를 낳는 일이 아닌 한 앞으로 어떤 일도 살아남지 못하며 창의력을 갖지 못한 사람이나 새로운 가치를 만들어 낼 수 없는 사람에게는 매우 혹독한 세상이 될 것</u>이라는 의미다.

좋은 대학에 입학하고 대기업에 들어가는게 성공이라 여겨지던 때가 있었다. 하지만 기존 틀 안에서 일하는 것으로 평생이 보장되던 시대는 이미 지나가고 있다. 앞으로는 새로운 구조와 새로운 가치를 낳는 일을 해야만 한다. 그것이 100세 인생이라 불릴 만큼 길어진 삶에서 살아남기 위해 필요한 사고다.

나는 현재 대학을 중심으로 학생들에게 스타트업의 구조나 사고법을 가르치는데, 이는 '대기업 신앙'을 가진 부모 세대가 볼 때는 리스크가 높은 선택을 권하는 것처럼 비칠 수도 있다. 그러나 앞서 설명한 바와 같이 시대적 변화를 놓고 본다면 새로운 가치를 만들어 내기 위한 스타트업적인 사고를 배우는 일은 매우 중요하다. 실제로 창업을 할지 여부와 상관없이 취업 이외에도 새로운 선택을 고려함으로써 길어진 수명만큼 오랫동안 현역에서 일하기 위한 교육의 일환으로 받아들여야 한다.

건전한 사회를 위한 스타트업

건전한 사회와 민주주의를 유지하기 위해서는 경제성장이 필수적이다. 충분한 경제성장을 이루어 냄으로써 사회 과제를 해결까지는 아니더라도 어느 정도 완화시킬 수 있다. 그리고 과제 선진국(모든 선진국이 언젠가는 직면하게 될 과제를 가장 먼저 직면하고 있는 것)이라고 일컬어지는 일본은 다른 국가에 비해 건전한 경제성장을 더 필요로 한다.

그렇다면 새로운 가치와 부의 창조, 경제성장 그리고 규모 자체를 키우는 방법은 무엇일까?

그것은 바로 혁신(innovation)이다.

지금까지 수많은 혁신이 스타트업과 같은 작은 기업에 의해 이루어져 왔다. 혁신을 일으켜 새로운 가치와 부를 창조하고, 그 부를 적절하게 분배하여 건전한 사회와 민주주의를 세우기 위한 가장 효과적인 방법이 '스타트업'의 활성화에 있음을 나는 굳게 믿는다.

세계적으로 불확실성이 높아지는 지금이야말로 이를 유용하게 이용하는 뛰어난 스타트업이 배출될 절호의 기회다. 그리고 그러한 스타트업의 성공 확률을 높이기 위해 스타트업에 대해 제대로 알 필요가 있다.

논리적 사고, 디자인 사고와 같은 키워드가 유행처럼 쓰이는 시대에 미래를 내다보는 역설적 사고법이 비즈니스의 새로운 특효약인 것처럼 선전할 의도는 없다. 본문에서 설명하는 이 사고법을 응용할 수 있는 영역은 한정적이기 때문이다.

그러나 나는 많은 사람이 스타트업의 사고법을 익히고, '급성장하는 사업을 만드는 데' 도전한다면 보다 나은 혁신이 가능해지고 건전한 사회를 실현하게 되리라 확신한다.

차례

첫머리에 • 4

서문: 스타트업이란?

스타트업의 정의 • 12 / 왜 스타트업인가? • 14 / '스타트업 사고'가 체계화되다 • 16 / 생존을 위한 스타트업 사고 • 17 / 건전한 사회를 위한 스타트업 • 20

Chapter 1 아이디어: 불합리한 것이 합리적이다

스타트업은 역설적이다 • 28 / '불합리'한 것이 합리적이다 • 30 / '나빠 보이는 아이디어'를 골라라 • 34 / 어려운 과제가 더 유리하다 • 35 / 사회 공헌이 중요하다 • 38 / '귀찮은 일'을 선택하라 • 40 / 설명하기 힘든 아이디어가 진짜다 • 44 / 보다 나은 것이 아닌 '다른 것'을 찾아라 • 46 / 기존 영역에서 벗어난 과제에는 장난 같은 해결책이 약이다 • 48 / 지금은 아직 '형언할 수 없는 무언가'인 상태 • 50 / 생각해 내는 것이 아니라 깨닫는 것 • 52 / 급속한 변화는 서서히 시작된다 • 54 / Why Now? • 58 / 극적으로 변화하는 과학 기술에 주목하라 • 59 / 이노베이션에서 이노베이션으로 • 63 / 스타트업은 '지수법칙(power law)'을 따른다 • 65 / 히트가 아닌 홈런을 노려라 • 68 / 비전, 미션, 스토리의 중요성 • 70 / 미래 가설로서의 스타트업 • 74

Chapter 1 정리 • 76

아이디어 체크 리스트 • 77

Chapter 2 전략: 작은 시장을 독점하라

경쟁이 아니라 독점하라 • 84 / 경쟁은 편중 현상을 부른다 • 85 / 독점은 소비자에게 제공되는 가장 큰 혜택이다 • 87 / 독점의 조건 • 88 / '이노베이션 딜레마'를 이용하라 • 89 / 작은 시장을 노려라 • 93 / 급성장할 시장을 노려라 • 95 / 오랫동안 독점하라 • 97 / 서서히 넓혀 가라 • 100 / 경쟁하면 패잔병이 될 뿐이다 • 102 / First Mover에 치중하기보다는 Last Mover로 장기적인 독점을 노려라 • 104 / 가치의 크기와 가치의 비율은 각각 독립해 있다 • 105 / 독자적인 '가치'와 독자적인 '방식' • 107 / 무엇을 하지 않을지 정하라 • 109 / '최고'를 지향하지 마라 • 112 / 전략은 매출로부터 만들어진다 • 114

Chapter 2 정리 • 117

대기업에서 아이디어를 지키는 구조의 중요성 • 118

Chapter 3 제품: 다수의 '호감'보다 소수의 '사랑'을 노려라

제품이 거쳐 가는 과정 • 126 / 갖고 싶어 하는 것을 만들어라 • 128 / 제품 이외의 것도 제품이다 • 130 / 제품 체험은 가설의 집합 • 131 / 제품의 최대 리스크를 찾아내라 • 133 / 고객 자신도 모르는 부분이 있다 • 135 / 다수의 '호감'보다 소수의 '사랑'이 중요하다 • 137 / 일단은 출시하라 • 139 / 업무를 규정짓지 마라 • 142 / 성장률에 주목하라 • 144 / 계속률과 이탈률로 고객의 사랑을 측정하라 • 148 / 입소문으로 고객의 사랑을 측정하라 • 149 / '매직 모멘트'는 빠를수록 좋다 • 150 / 매트릭스를 추적하라 • 152 / 매트릭스는 비전을 따른다 • 155 / 매트릭스는 '오직 하나'다 • 158 / 추적은 철저하게 하라 • 160 / 고객 지원은 제품 개발로 연결된다 • 162 / '적극적인 고객 지원'이 중요하다 • 165 / 영업도 제품 개발이다 • 167 / 영업의 기본은 '듣는 것'이다 • 171 / 유통이 보틀넥이다 • 172 / 실행 방식을 해킹하라 • 175 / 최후의 제품은 '팀'이다 • 178

Chapter 3 정리 • 180

스타트업은 모멘텀(추진력)을 잃는 순간 쓰러진다 • 181

Chapter 4　운: 조절 가능한 행운을 위해

기업가의 위험 요인이란? • 188 / 바벨 전략으로 블랙 스완을 피하라 • 191 / '깨지지 않는 가치'로 승부하라 • 195 / '횟수와 속도'는 조절할 수 있다 • 199 / '양'이 '질'을 낳는다 • 200 / 손해가 두려운가? • 203 / 막대한 손실을 피하라 • 205 / 서로 돕는다는 것 • 207

Chapter 4 정리 • 209

도쿄대학과 스타트업 • 210

Chapter 5　역설의 커리어 사고

스타트업 사고를 커리어와 조화시킨다 • 218 / 인생의 바벨 전략과 안티프래질의 가치 220 / 우연성과 불확실성, 무작위성, 예상 변동률을 즐겨라 • 222 / 커리어의 무작위성 • 224 / 스타트업은 쉽게 권할 수 없다 • 227 / 스타트업에 대해 모두 알 필요는 없다 • 229 / 하고 싶은 일은 해 보지 않으면 알 수 없다 • 230 / 먼저 사이드 프로젝트부터 시작하라 • 232 / 스타트업을 '실행'하라 • 234

끝머리에 • 237

참고자료 • 244

Chapter 1

아이디어:
불합리한 것이
합리적이다

　스타트업은 '아이디어'에서 출발한다. 아이디어가 좋지 않으면 아무리 뛰어난 팀이나 프로젝트, 혹은 실행력을 갖추고 있다고 해도 급성장할 수 없다. 아이디어라는 근본적인 부분을 잘못 생각하면 이후 모든 사업이 수포로 돌아가게 마련이다.

　스타트업을 하기에 뛰어난 아이디어는 겉보기에는 그렇지 않은 경우가 많다. 누가 보아도 좋아 보이는 아이디어로 스타트업을 시작한다면 빠른 성장을 기대하기 어려운 경우가 대부분이다. 이것이 바로 스타트업 아이디어의 역설적인 포인트다.

　Chapter 1에서는 스타트업을 성공으로 이끄는 아이디어란 무엇인지에 대해 설명한다. 특히 다음 4가지 가설과 그 배경을 알

아보고 이를 통해 '역설'의 의미를 확실하게 이해할 수 있게 한다.

1. 불합리한 것이 합리적이다.
2. 어려운 과제일수록 간단하다.
3. 정말로 좋은 아이디어는 설명하기 어렵다.
4. 스타트업의 성공은 지수법칙을 따른다.

그러면 이제부터 스타트업의 역설적인 사고법에 대해 다루어 보기로 하자.

스타트업은 역설적이다

스타트업 관계자들로부터 가장 존경받는 인물 중 한 사람은 폴 그레이엄(Paul Graham)이다. 그는 '리스프[Lisp(list processing)]'라는 프로그래밍 언어 분야의 권위자이자 천재적인 해커이며 자신이 만든 회사를 야후(Yahoo)에 매각한 기업가이다. 또한 그의 책 《해커와 화가(Hackers & painters: big ideas from the computer age)》는 프로그래머들 사이에서 큰 사랑을 받았다.

《해커와 화가》, 폴 그레이엄 저.
《제로 투 원》, 피터 틸, 블레이크 매스터스(Blake Masters) 저.

폴 그레이엄은 스타트업의 성공을 위한 노하우와 사고법에 대한 글을 웹상에 지속적으로 발표하고 있다.

더욱이 그는 자신의 경험을 토대로 'Y콤비네이터'라는 스타트업 양성기관을 2005년에 설립했으며, 2014년까지 그 기관의 수장으로서 스타트업에 대해 조언하기도 했다.

그 밖에 결제 서비스 회사 '페이팔(Paypal)'과 미국 정부를 고객으로 하는 데이터 분석회사 '팰런티어(Palantir)'의 공동 창업자 중 한 사람이며 '페이스북(Facebook)'의 가능성을 내다보고 처음으로 투자한 투자가 피터 틸(Peter Thiel)도 스타트업 업계의 유명인사다. 그가 스탠퍼드대학에서 강의한 내용을 정리한 《제로 투 원(Zero to One)》에는 기업가로서 페이팔을 성공시키고, 투자가로서 페이스북이나 제약회사인 '스템센트릭스(Stemcentrx)'를 통해 수천 배의 배당금을 받았던 그만의 독자적인 사고법이 고스란히 담겨 있다. 최근에는 실리콘밸리에서는 드물게 트럼프 대통령에게 고액 기부를 한 것으로도 유명세를 탔다.

이 두 사람의 견해에서 눈에 띠는 공통점은 <u>"스타트업의 뛰어난 아이디어는 역설적이다"</u>라는 것이다.

'불합리'한 것이
합리적이다

스타트업에 있어 뛰어난 아이디어는 역설적이다. 이는 바꿔 말하면 '스타트업의 뛰어난 아이디어는 불합리한 아이디어다'라고도 말할 수 있다. 그렇다면 왜 불합리한 아이디어가 스타트업에게 있어 적절한 것일까?

스타트업이란 본래 급성장하는 조직을 가리킨다.

시장이 합리적으로 움직인다면 급성장할 기회는 머리 좋은 사람들에 의해 독점당하게 될 것이다. 급성장할 수 있는 기회가 명확해졌다면 구글이나 페이스북처럼 놀랍도록 잽싸게 움직이는 거인들에게 이미 공략당하고 말았을 것이다.

그러나 몇몇 스타트업은 그러한 거인들보다 한층 더 뛰어난 아이디어에 집중하고 실행하여 급성장을 거듭하고 있다. 그렇다면 왜 명석한 사람들은 그런 기회를 눈치채지 못했을까?

스타트업에서 뛰어난 아이디어란 '언뜻 별 볼 일 없어 보이지만 사실은 뛰어난 아이디어' 혹은 '사람들의 눈에는 미친 것처럼 보이는 아이디어'이다.

에어비앤비는 자신의 집 일부를 다른 사람에게 숙소로 빌려주는 서비스를 시작했다. 대부분의 사람들이 '설마'라고 생각했던 황당한 아이디어였다. 실제로도 창업 초기에는 수많은 유명 투자자들이 투자를 주저했다.

그러나 에어비앤비는 창업 8년 만에 평가액 3조 원이 넘는 기

그림 2 스타트업 아이디어는 '어디'에 있을까?

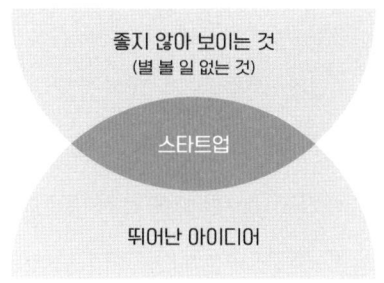

업으로 성장했다.

구글도 예외는 아니다. 포털 사이트 전성시대였던 1990년대 후반에 대부분의 기업이 자사 사이트에서 유저들이 머무는 시간을 늘릴 방법에 대해 고민했을 때, 구글은 정밀한 검색 엔진을 만들어 사이트 내에서 머무는 시간을 줄이는 방향으로 사업을 전개했다.

광범위한 웹상에 존재하는 정보를 유저가 원하는 형태로 검색할 수 있게 한다는 것은 엄청난 비용이 드는 사업이다. 게다가 이는 야후로 대표되는 디렉토리 형식의 정보 제공 포털이 주류였던 당시의 비즈니스 형태와는 정반대 노선이기도 했다. 검색 엔진 하나로 어떻게 수익을 낼 것인지조차 불투명했기에 구글의 이런 움직임은 불합리하게 비쳤을 것이다.

에어비앤비는 변화를 재빨리 감지하고 여기에 기술을 이용해 자신들의 서비스를 단번에 확산시켰기에 급성장할 수 있었다. 또한 구글은 인터넷 사용 빈도가 높은 유저들의 '정확하고 신속한 검색 엔진이 필요하다'는 요구를 확실하게 수용하여 그에 상응하는 기술적인 해답을 내놓은 뒤 급성장했다.

만약 에어비앤비와 같은 아이디어를 호텔업계나 대기업에서 생각해 냈다면 십중팔구 실행에 옮기지 못했을 것이다. 상사에게조차 승인을 얻지 못한 채 그대로 파일함에 남겨져 있었을지도 모른다. 간신히 상사를 설득해 임원진에게까지 기획안이 올라갔더라도 기존 호텔업계의 비즈니스모델과 정면으로 대치된다는 이유로 거부당했을 게 뻔하다.

급성장을 꾀하려는 스타트업은 자금이나 인재 같은 자원이 적은 상태에서 싸움을 시작한다. 때문에 기존의 방식은 통하지 않는다. 따라서 스타트업은 '사람들의 눈에 불합리해 보이는 아이디어'나 '언뜻 별 볼 일 없어 보이는 아이디어' 혹은 '대다수가 동의하지 않는 아이디어'를 선택할 필요가 있다. 이러한 조건을 만족하는 아이디어가 통할 경우 급성장은 가능해진다. 즉, 스타트업처럼 급성장을 목표로 하는 기업은 불합리한 아이디어를 선택하는 것이 합리적인 선택이 되는 셈이다.

언뜻 불합리해 보이는 아이디어의 선택에 대해 피터 틸은 자신의 저서에서 "찬성하는 사람이 거의 없는 중요한 진실"이라 칭했다. 니체는 "광기는 개인에게 있어 드문 일이다. 그러나 집단, 당파, 민족, 시대에 있어서는 일반적인 일이다"라고 말한 바 있다. 현대사회에서 집단이 '틀린 것을 믿는 환상'에 빠져 있음을 꿰뚫어 보고, 소수가 찬성하는 진실을 찾아내 그것에 날개를 달아 주는 일이야말로 스타트업을 시작하는 사람들에게 필요한 자질이다.

'나빠 보이는 아이디어'를 골라라

"찬성하는 사람이 거의 없는 중요한 진실"이라는 말의 핵심은 찬성하는 사람이 거의 없지만 그것이 진실이라는 조건이 전제되어 있다는 점이다.

예상했겠지만 이 조건을 만족시키기란 매우 어렵다. 사실 그런 아이디어는 실제로 나쁘기만 한 경우가 대부분이기 때문이다. 즉, '나빠 보이는데 실제로도 나쁜 아이디어' 혹은 '단순히 나쁜 아이디어'인 것이다.

'별 볼 일 없어 보이지만 좋은 아이디어'란 지극히 희소하다. 그렇기 때문에 대부분의 스타트업은 실패한다. 그러나 자신의 아이디어가 다른 사람들에게 인정받지 못하고 외면당한다고 해서 그것을 '좋은 아이디어'라 말하기는 어렵다.

<u>나쁜 아이디어로 비쳐지는 아이디어의 대부분은 실제로도 그렇다.</u> 하지만 과거에 실패했던 나쁜 아이디어가 지금도 그러하다고 단정 지을 수는 없다.

2000년을 전후로 여러 회사가 동영상 스트리밍 서비스에 도전했다. 그러나 기술 발전과 브로드밴드의 보급, 그리고 행동양식의 변화 등의 요인으로 인해 2005년에 창업한 유튜브에 이르

러서야 성공을 거두게 되었다. 과거에 좋지 않았던 아이디어가 현재도 그렇다고는 볼 수 없는 대표적인 예다.

아이디어 자체의 좋고 나쁨이 아니라 '왜 지금' 좋지 않아 보이는 그 아이디어가 실제로는 괜찮은 것인지 설명할 필요가 있다. 'Why Now?'는 실리콘밸리에서 가장 존경받는 벤처캐피털 중 하나인 세쿼이아 캐피탈(Sequoia Capital)이 투자 신청자들에게 종종 건네는 질문이다.

어려운 과제가
더 유리하다

지금까지 스타트업 아이디어의 역설적인 면과 불합리한 아이디어를 선택하는 것이 왜 합리적인지를 설명했다.

그리고 또 한 가지, 스타트업에선 '어려운 과제가 더 유리'하다. 예를 들어 사회적 과제를 해결하는 사업 분야나 고도의 기술을 필요로 하는 스타트업이 때때로 어려워 보이는 아이디어를 선택하지 않으려는 경향을 보일 때가 있다. 그러나 실제로는 어려운 과제를 선택했을 때 오히려 스타트업이 쉬워진다. 이것 역시 언뜻 이해하기 어려운 스타트업의 단면이다.

어째서 어려운 과제가 더 유리한지 그 이유를 살펴보자.

- 주변으로부터 지원을 받기 쉽다.
- 우수한 인재 채용으로 연결된다.
- 경쟁자가 없는 시장에 진출할 수 있다.

우선 사회적 의의를 갖는 사업이나 어려운 과제를 수행하는 사업은 주위의 협력을 얻기가 수월하다. 최근 프로에 가까운 기술을 가진 자원봉사자들이 사회 활동에 참여하려는 움직임이 활발해진 덕분에 사회적인 의미를 중요하게 여기는 협력자들을 찾는 일은 훨씬 더 쉬워졌다.

특히 한 번 성공을 경험한 사람일수록 사회적 의의가 있는 사업에 흥미를 갖는 경향이 강하다. 이들을 엔젤 투자자나 초기 고객으로 획득함으로써 보다 많은 사람들이 돕는 분위기를 조성할 수 있다.

더욱이 공익을 위한 스타트업의 경우, 우수한 인재가 모여드는 경향이 있다. 이것은 중요한 의미를 가진다. 스타트업이 성장할 때 인재 채용이 항상 과제로 대두되기 때문이다. 얼마나 뛰어난 인재를 보유하느냐에 따라 회사의 성패가 결정된다.

예를 들어 이미 구글에서 높은 연봉을 받고 있는 사람을 스타트업에 참여시키고 싶으면 어떻게 해야 할까? '구글에서 광고 클릭 수를 0.001퍼센트 올리기 위한 프로그램을 짜는 일보다 우리 회사에 참여하는 것이 사회에 공헌할 수 있다'는 이유는 강력한 동기를 부여한다. 실제로도 구글과 같은 초대형 기업에서 스타트업으로 자리를 옮겨 자신보다 어린 기업가 밑에서 일하는 베테랑 기술자들이 적지 않다.

특히 1980년 중반부터 2000년 사이에 태어난 밀레니엄 세대는 기존 세대에 비해 사회적인 과제를 해결하는 데 적극적인 경향이 있다. 그런 의미에서 사회적으로 어려운 과제에 참여하는 일은 그들처럼 젊은 세대를 채용할 때 매우 유용한 수단이 된다. 게다가 초기 고객이나 파트너 역시 자사의 비전에 공감하는 사람 중에서 생기게 되는 경우가 많다.

기술적으로 어려운 과제 역시 우수한 인재를 끌어 모으는 이유가 된다. 최근에는 우주 개발이나 바이오산업 등 비교적 새로운 기술 영역에 도전하는 스타트업에 인재들이 몰려들고 있다. 뛰어난 기술자들은 기술적으로 어려운 문제를 해결하는 데 열의를 보인다. 기술적으로 달성하기 어려운 목표에 흥미를 느끼는 것이다. 그리고 기술자들은 최고 기술을 가진 사람을 따라 다니는 경향이 있다. 일인자라 일컬어지는 기술자 한 명이 스타트업에 들어가는 순간, 그를 추종하는 기술자들의 입사 요청이 일시적으로

폭증하는 경우도 흔하다.

이처럼 기술적으로 어려운 과제에 참여했던 스타트업의 사례 중 하나가 자동운전 키트를 개발하는 '크루즈 오토메이션(Cruise Automation)'이다. 이 회사는 창업한 지 3년 만에 제너럴 모터스(GM)에 약 1,130억 엔 이상에 매각되었다.

크루즈 오토메이션의 CEO는 창업 초기에 같은 기술을 사용하여 비디오 스트리밍 애플리케이션을 만들지, 아니면 자동운전에 적용시킬지 고민했다. 만일 비디오 스트리밍 회사를 만들었다면 실현 가능성은 높지만 수많은 경쟁자와 맞닥뜨려야만 했을 것이다. 그런데 기술적으로 어렵지만, 사회적으로 의의를 갖는 자동운전을 스타트업의 목표로 결정함으로써 결과적으로 경쟁이 거의 없는 영역에 진출할 수 있었다. 그리고 목표의 난이도에 열의를 가진 기술자들이 모여들면서 단기간에 급격한 성장을 이루어 높은 평가액으로 매각되기에 이른 것이다.

사회 공헌이 중요하다

최근 들어 사회적으로 큰 영향을 미치면서 기술적

으로도 까다로운 과제에 참여하려는 사람들에 대한 지원이 늘고 있다. 그 배경에는 '기술자선가(Techno-Philanthoropist)'라 불리는 이들이 있다. 이들은 지금까지 쌓아 온 기술적인 경력을 자산으로 삼아 세계에 공헌하길 원한다.

예를 들어 마이크로소프트의 빌 게이츠, 다이슨(Dyson)의 제임스 다이슨(James Dyson), 구글의 전 CEO인 에릭 슈미트(Eric Emerson Schmidt), 테슬라 모터스(Tesla Motors)의 엘론 머스크(Elon Musk) 등은 자신의 자산을 털어 세상의 각종 문제를 해결하려는 사람들을 지원하고 있다.

그들이 중요시하는 가치는 '사회 공헌(Social Impact)', 다시 말해 사회의 문제를 해결할 수 있는지, 또는 세상에 긍정적인 영향을 끼치는지다.

<u>평범한 기업, 다시 말해 기존 아이디어에 약간의 효과를 가미하는 기업에 우수한 인재는 모이지 않는다.</u> 중요한 과제가 존재하지 않는 기업은 매력이 없다. 이런 기업들은 성공에 이르기까지 발생할 좌절과 어려움을 감당할 수 없다. 결과적으로 성공하기 어려워지는 것이다.

본래 모든 사업은 '많은 사람이 돈을 지불하고도 갖고자 하는 것'을 지속적으로 제공하는 일이며, 사회적인 의의를 가져야 한다. 파나소닉의 창업자 마츠시타 고노스케(松下幸之助)는 "기업은

사회의 공적인 도구"라고 했다. 스타트업 역시 하나의 기업인 이상, 사회적으로 의미 있는 영역에서 시작해야 한다.

단, 사회적으로 좋은 일을 한다고 해서 반드시 지원을 받을 수 있는 것은 아니다. 지나치게 이상적인 아이디어에는 사람들이 흥미를 느끼지 못하기 때문이다.

매우 대담하면서도 노력하면 실현 가능한 아이디어가 필요하다. 자신의 아이디어가 왜 지금 실현될 수 있는지, 그것을 해결하기 위해 어떤 통찰과 기술을 보유하고 있는지 확실한 해답을 갖고 있어야만 한다. 그리고 그것이 가능하다면 비전에 공감하는 사람들의 협력을 얻을 수 있다. 스타트업은 결과적으로 어려운 과제에 참여할수록 더욱 쉬워진다.

'스타트업에게 어려운 과제가 더 유리하다'는 역설적 사고법은 초기에는 사람들의 이해를 얻기에 불리한 부분이 있다. 그러나 한 번 이해하고 나면, 강력한 무기가 될 수 있다.

'귀찮은 일'을 선택하라

'어려운 과제가 더 유리하다'와 비슷한 역설적 사고

법으로 '귀찮은 일을 선택하라'를 들 수 있다.

규모가 크고 누가 보아도 힘들어 보이는 영역일수록 도전하려는 사람이 적다. 때문에 결과적으로 경쟁률이 낮은 환경에서 스타트업을 시작할 수 있다.

예를 들어 쉽고 간편한 결제 서비스를 제공하는 '스트라이프(Stripe)'는 최근 몇 년간 급성장한 스타트업이다. 그들은 '결제'라는 까다로운 업종을 선택해 창업했다. 당시 기술자들은 '결제'라는 말만 들어도 고개를 가로저을 만큼 해당 분야에 도전하는 사람이 극히 적었다. 덕분에 스트라이프는 몇 안 되는 경쟁자들 사이에서 덩치를 키울 수 있었고, 단기간에 큰 규모로 성장했다.

또한 '플렉스포트(Flexport)'라는 화물 운송 시각화 서비스를 제공한 스타트업은 세계적인 운송회사의 데이터베이스를 입수하여 그것을 무료 소프트웨어로 제공함으로써 운송을 보다 효율화시키는 토대를 마련했다.

플렉스포트는 지금까지 우편이나 팩스, 종이 등으로 이루어지던 적재물의 목록을 하나하나 데이터로 만들고, '규제기관에서 허가를 받는 데만 2년이 걸리는' 까다로운 과정을 거쳐 현재 세계 물류를 효율화시키는 서비스로 주목을 받고 있다. 그들이 수행한 과제는 업계 내에서 이미 문제점으로 인식하고 있었지만 귀찮고 까다롭다는 이유로 등한시했던 것이었다. 플렉스포트는 바로 업계에서 등한시한 귀찮고 까다로운 과제를 수행하는 데 집중했고, 그 결과 놀라운 성장을 이룰 수 있었다.

처음부터 규모가 큰 일에 도전하면 법률이나 규제, 기득권 등의 벽에 부딪히게 되고, 헤아릴 수 없이 많은 장애가 발생하기도 쉽다. 그래서 누구나 해당 영역에 발을 들여놓는 것을 꺼리게 된다. 그러나 바꾸어 생각하면 귀찮은 일은 아무도 손대고 싶어 하지 않기 때문에 큰 규모의 시장이 방치된 채 남겨지는 경우가 많다.

그리고 또 한 가지 짚고 넘어가야 할 점은 '귀찮은 일은 피할 수 없다'는 것이다.

스타트업을 지망하는 사람들 중 일부는 편하게 돈을 벌 수 있도록 계획을 세우는 경향이 있다. 예를 들어 '대기업과 파트너십을 채결하여 데이터를 받아 제품 개발에 응용한다'거나 '만든 제품을 판매점에 공급한다' 혹은 '우선 공기업과 손잡고 사업 기반을 넓혀 나간다'는 식으로 계획을 세우는 것이다.

확실히 이와 같은 계획은 곧장 돈을 벌 수 있는 방법이나 성공으로 가는 지름길로 비쳐질 수 있다. 하지만 애석하게도 상당한 인맥이나 실적을 갖고 있지 않은 한, 이러한 비즈니스 플랜은 실현시키지 못하는 경우가 대부분이다.

만약 내세울 실적이 없는 상태에서 어떤 기업과 파트너십을 채결해 까다로운 일을 피할 수 있었다고 하자. 다른 사람들 역시 그러지 않으리라는 보장이 없다. 그렇다면 과연 당신이 도전하려는 시장이 경쟁자들이 없는 상태로 남겨져 있을까?

귀찮고 번거로운 일을 피하고 싶어 하는 경향은 특히 해커나 엔지니어에게서 쉽게 찾을 수 있다. 이에 대해 폴 그레이엄은 이렇게 이야기했다.

"Y콤비네이터에서 이루어지는 수많은 일 중에 하나는 까다로운 과제를 피할 수 없다는 사실을 가르치는 것이다. 단순히 코드를 결정하는 식으로 일을 해서는 스타트업을 시작하기란 불가능하다. (중략) 귀찮고 어려운 일은 피할 수 없을 뿐더러 그것이야말로 비즈니스의 대부분을 구성하고 있다. 기업은 그 기업이 짊어져야 할 과제에 의해 정의된다."

일일이 데이터를 모으거나 지속적으로 영업에 나서야만 하는 까다롭고 복잡한 작업을 피할 수는 없다. 오히려 비즈니스 세계에서는 누군가 귀찮은 작업을 대신해 주는 것으로도 돈을 벌 수 있다.

그런 종류의 일은 현장 경험을 통해 필요성을 알게 되는 경우가 많다. 그리고 해당 업계에서 외면하고 있는 '까다로운 일'에 초점을 맞추고 그것을 기술을 이용해 극적으로 개선할 수 있다면 스타트업의 아이디어로 발전시킬 수 있다. 그리고 이 세상에는 아무도 하지 않으려는 일이 아직도 많이 남아 있다.

설명하기 힘든 아이디어가
진짜다

좋은 스타트업 아이디어를 떠올릴 때 또 한 가지 중요한 사고가 있다.

'좋은 아이디어는 설명하기 어렵다'는 점이다.

일반적으로 '좋은 아이디어란 그것을 듣는 순간 누구나 쉽게 이해할 수 있어야 한다'고 알려져 있다.

예를 들면 '한마디로 간단히 요약할 수 있는 것이 좋은 아이디어다', '포인트가 되는 단어를 6음절로 정리할 수 있어야 한다', '어려운 것을 쉽게 말할 수 있는 사람이 영리하다' 등이 있다.

스타트업 아이디어나 제품은 단순한 것을 지향한다. 실제로도 단순한 아이디어에서 시작하는 것이 사업 초기 역량 집중에도 도움이 된다. 그런데 어째서 설명하기 힘든 것이 좋은 아이디어가 된다는 걸까? 그 이유는 단순함과 이해하기 어려운 일은 공존할 수 있기 때문이다.

앞서 예로 들었던 에어비앤비의 아이디어는 '다른 사람의 집, 빈 공간에서 숙박을 한다'는 지극히 단순한 생각에서 출발했다. 우버(Uber) 택시의 구조 역시 '모르는 사람의 차를 스마트폰으로 불러내어 함께 이용한다'로 간단하게 요약할 수 있다.

그러나 이러한 설명을 그들이 등장하기 이전에 들었다면, 아마도 대부분은 '설마 그런 일이 가능할까?'라고 반문했을 것이다. 즉, 표현상 의미를 이해할 수는 있지만 그 내용은 납득하기 어려운 아이디어인 것이다.

스타트업의 아이디어나 제품은 단순해야 한다. 그렇지 않으면 사람들에게 제대로 전달되지 않는다. 하지만 전달되었다고 해서 그 아이디어가 쉽게 이해할 수 있는 것이라고 단정할 수는 없다. 특정한 문맥이나 공통된 경험이 없으면 받아들이기 어려운, 다시 말해 설명하기 어려운 부분이 있을 수밖에 없다.

피터 틸은 이러한 상황을 두고 다음과 같이 정리했다.

"정말로 성공한 기업이란, 기존의 카테고리에는 존재하지 않는 일을 하고 있으며 사업 내용을 설명하기 어려운 기업이다."

한때 소형 음향기기의 대명사였던 워크맨(Walkman)은 '휴대 가능한 재생 전용 테이프 플레이어'로 각광을 받았었다. 처음 워크맨이 등장했을 당시 '녹음 기능 없이 재생만으로는 팔리지 않을 것이다'는 의견이 지배적이었다. 말하자면 워크맨은 불합리한 아이디어에서 출발했으며, 기존의 카테고리로는 분류하기 어려운 제품이었다.

최근의 사례로는 '스마트폰이라는 카테고리를 개척했다'고 일컬어지는 아이폰을 들 수 있다. 아이폰의 등장 이후 한동안 안드로이드 운영체제를 가진 스마트폰까지 아이폰이라고 불렸던 것을 기억하는 소비자도 많을 것이다. 액션캠의 대명사인 고프로(Gopro)도 출시 초기에는 마땅한 카테고리가 없었던 제품이었다. 일본에서도 한때 거치식 게임기를 모두 '패미콘'이라고 부르던 시기가 있었다. 이처럼 카테고리를 개척한 신제품은 해당 카테고리 자체를 상징하는 이름이 된다.

좋은 아이디어는 처음에는 이해하기 어려울 뿐 아니라 알맞은 카테고리조차 존재하지 않는다. 그러나 누구도 상상할 수 없었던, 새로운 카테고리를 찾아낸다면 그 아이디어는 급성장할 가능성이 충분하다.

보다 나은 것이 아닌 '다른 것'을 찾아라

새로운 카테고리의 제품은 기존의 제품과 비교했을 때 '보다 나은 것'이 아닌, '전혀 다른 것'이라는 특징을 가진다.

스타트업의 제품은 우수해야 한다. 기존 제품들보다 10배는 더 빠르고 성능도 좋아야 한다. 그 정도로 차이가 나지 않으면 고객은 낯선 스타트업이 만드는 제품을 사용하지 않는다.

'완전히 다른 것'을 만들어 내고자 한다면 일부분을 개선하기보다는 기존의 상품이나 서비스와 전혀 별개의 사고법으로 접근해야만 승산이 있다.

예를 들어 아마존에 약 650억 엔에 매수된 물류 기업 키바 시스템(Kiva Systems)은 '물류센터에서의 운반과 집하 작업 문제'를 로봇에게 맡겼다. 계획 초기, 로봇이 사람의 업무를 대체한다는 생각은 '미친 아이디어'라는 평가를 받았다. 키바 시스템에서 로봇은 제품이 아닌 상품이 실린 선반을 사람이 있는 곳으로 가져다준다. 일반적으로 작업의 효율성을 높인다고 하면 선반의 위치를 재배치하거나 소형 세그웨이 등을 이용해 사람의 이동 속도를 높이는 방법을 떠올리기 마련이다. 하지만 그들은 선반 자체를 이동시켰다.

그들이 고안해 낸 '전혀 다른 방식'은 로봇이 최적의 위치까지 상품을 운반해 주기 때문에 집하 작업이 빨라졌을 뿐만 아니라 통로로 확보해야 하는 면적까지 모두 상품으로 채울 수 있어 창고를 더욱 효율적으로 이용할 수 있게 되었다.

항구에서 자주 볼 수 있는 컨테이너 역시 이러한 '전혀 다른 방식'의 산물이다.

컨테이너가 등장하기 전, 60년대까지는 육지에서 옮겨진 다양한 형태의 화물을 '균형 있게 적재하는 일'이 운송회사의 경쟁 우위를 결정했다.

그런데 컨테이너가 등장하면서 육상과 해상 운송에 필요한 '균형 잡기' 자체가 사라졌다. 선박에서 곧바로 트럭으로 운송 작업을 연동시킬 수 있게 된 것이다. 그 결과, 기존 기업의 경쟁 우위성이었던 '균형 잡힌 적재'는 무용지물이 되었다.

육상에서 해상까지의 이동을 직통으로 연결시킨 컨테이너의 규격화는 물류 산업 전반에 큰 영향을 끼친 '전혀 다른 방식'이다. 이처럼 어떤 영역을 더 나은 방향으로 발전시키기 위해서는 단순한 개선이 아니라 기존의 방식을 완전히 뒤엎는 돌파구가 필요하다.

기존 영역에서 벗어난 과제에는
장난 같은 해결책이 약이다

피터 틸은 "비밀을 찾아내는 가장 좋은 장소는 어느 누구도 생각지 못한 곳이다"라고 말했다.

MIT 미디어랩(media lab) 소장을 맡고 있는 이토 조이(伊藤穰一)는 다른 사람이 아무도 주목하지 않는 영역을 '반전문성(Anti-disciplinary)'이라 칭했다. 그는 반전문성에 대해 자신의 블로그에서 다음과 같이 설명하고 있다.

"전문성을 가진 영역에 대한 연구는 다양한 분야에 종사하는 사람들이 공동으로 연구를 진행하는 것을 목표로 한다. 그러나 반전문성을 가진 연구는 그와 전혀 다른 성격을 가진다. 연구 목적은 기존의 어떤 학문 영역에도 단순하게 규정되지 않는 장소에서 연구를 진행하는 것, 독자적인 언어나 구조, 방식을 가진 독자적인 연구 분야이다."

그가 〈사이언스(Science)〉지에 기재한 논문 〈Atypical Combinations and Scientific Impact〉에 따르면 가장 많이 인용된 논문의 대부분은 기존의 영역에는 속하지 않는 연구였다고 한다.

구텐베르크(Johannes Gutenberg)는 포도 압출기에서 힌트를 얻어 활판인쇄기를 발명했다. 이처럼 다른 장소에서 발달한 지식이나 도구를 다른 영역에 응용하는 시도는 새로운 혁신의 계기가 되기도 한다.

기존의 영역에 속하지 않는 연구나 기술이 스타트업 진출에 유리한 이유는 다음과 같다.

첫 번째는 아직 분명한 영역이 아니라는 이유로 시장 규모를 측정할 수 없기에 계획성을 중시하는 대기업에서 진출하기 어렵다는 것이다. 두 번째는 아직 해결되지 않고 남겨져 있는 과제들이 장난처럼 보이는 해결책으로도 충분히 효과를 본다는 것이다.

앞서 등장했던 활판인쇄기 역시 구텐베르크가 발명한 것은 손으로 베끼는 속도보다 조금 더 빠르게 인쇄하는 정도에 불과했다. 아마 발명 초기에 다른 회사에서는 장난감에 불과하다고 비웃었을지 모른다. 그러나 그 장난감이 특정한 사람들에게는 유용했기에 판매가 이루어졌고, 그 이익 덕분에 인쇄기는 진보를 거듭할 수 있었다. 결과적으로는 인류의 지식 축적과 전달에 크게 기여했다.

피터 틸은 "새로운 가치를 만들고 그것을 독점하라", "작은 시장에서 시작하라"는 말을 특히 강조했다. 그의 말은 기존 영역에 속하지 않은, 새롭고도 작은 영역을 적극적으로 개척하는 것이야말로 스타트업이 새로운 가치를 만들어 독점하고 급성장하기 위한 필수 요소라는 사실을 실감케 한다.

지금은 아직
'형언할 수 없는 무언가'인 상태

기존 영역에 속하지 않는 과제나 설명하기 어려운 아이디어를 찾기 위해서는 일시적인 유행이 아닌, 세상 사람들이 간과하고 있는 것을 포착해야 한다. 그러나 많은 사람들은 일시적인 유행을 추구하는 경향이 있다. 그것은 벤처캐피털과 같은 투자가들도 마찬가지였다.

페이스북이 대성공을 거둘 조짐이 보이던 2008년 경, 모든 사람들은 '제2의 페이스북'을 꿈꾸며 SNS 관련 창업으로 몰려들었고 투자가들도 천문학적인 투자금을 쏟아 부었다.

그러나 당시 새롭게 등장하여 성장을 거듭한 스타트업은 우버나 에어비앤비와 같은 셰어링(sharing) 계통의 스타트업이었다. 이들의 성공이 눈에 띄기 시작한 2012년 후반에는 '○○년도식 우버'라는 별칭으로 셰어링 관련 서비스가 몇 가지 등장하기도 했지만 제대로 빛을 보지 못했다.

현재 Y콤비네이터의 CEO인 샘 앨트먼(Sam Altman)은 자신의 투자 경험을 돌이켜 보면서 "유행하는 아이디어를 기반으로 한 스타트업 투자는 예외적인 한 개 기업을 제외하곤 제대로 발전할 수 없다. 오히려 다른 투자가들이 외면한 스타트업에 투자했을 때 좋은 성과를 얻을 수 있었다"고 회고했다. 급성장의 진정한 비결은 역시 '모두가 찾고 있지 않은 무엇'인 셈이다.

다시 말해 '<u>지금은 아직 설명하기 어려운 뭔가 과제가 될 만한 것'에 적극적으로 손을 내밀고 아무도 보지 못하는 영역의 과제나 해결책에 몰두해야 한다</u>. 아직 이름조차 붙이지 못했을 테고, 여러 번 시행착오도 겪어야 할 것이다. 하지만 그러는 동안 해결하고자 하는 과제의 개념을 파악할 수 있게 되고 이는 급성장하는 아이디어를 찾는 데 매우 중요한 역할을 한다.

생각해 내는 것이 아니라
깨닫는 것

폴 그레이엄은 스타트업의 아이디어에 대해 "생각해 내는 것"이 아니라 "깨닫는 것"이라고 말했다. 여기에는 스타트업이 억지로 쥐어짜 낸 아이디어가 아닌 자신의 경험을 배경으로 유기적으로 발생해야 한다는 의미가 담겨 있다. 역설적이지만 매우 중요한 지적이다.

단, 아이디어가 떠올랐다고 해도 자신이 대단한 아이디어를 발견했다는 사실 자체를 인식하지 못할 수도 있다.

예를 들어 '타인의 집에 머문다'는 에어비앤비의 기본 구조는, 창업자 본인에게 있어서는 별로 특별할 것 없는 생각이었을지 모른다. 그러나 다른 사람들에게는 매우 특별한 아이디어였다. 스스로 자연스럽다고 생각한 나머지 떠오른 아이디어가 얼마나 대단한지 알아차리지 못한 것이다.

이처럼 뛰어난 아이디어는 '어느 정도 시간이 흐른 뒤에 다른 사람이 놓치고 있는 부분이라는 것을 깨닫게 된다'고도 말할 수 있다. 즉, '다른 사람들이 나중에 당연하다고 느낄 만한 일이지만 지금은 깨닫지 못한 것'이다.

최근 유행하고 있는 협업 커뮤니케이션 서비스 '슬랙(Slack)'에는 이메일 대체 기능이 있다. 슬랙의 창업자는 막대한 양의 이메일로 인해 시스템 이용이 불편해진 것에 착안하여 이메일을 대화로 바꾸는 작업부터 시작했다. 요즘에는 당연하게 여겨지지만 개발 당시에 그것을 알아차린 사람은 극소수에 지나지 않았다.

'뛰어난 두뇌를 가진 사람이 주말에 하는 일이, 10년 후에는 일반적인 것이 된다'는 말이 있다. 인터넷이나 스마트폰이 바로 그 전형적인 예라고 할 수 있다. 이 두 가지는 모두 과학자나 괴짜들만이 사용하던 것이었지만 어느 순간 급속도로 일반인들에게 보급되었다.

일부 뛰어난 사람들에게는 당연한 일이지만 대다수의 사람들은 그것을 깨닫지 못하는 일이 세상에는 넘쳐나고 있다. 경영학의 시조라 불리는 피터 드러커(Peter Drucker)는 "혁신에 대한 최고의 찬사는 '내가 왜 저 생각을 못했을까'이다"라고 말했다. 이와 같은 깨달음은 지금도 우리 주변에서 여전히 일어나고 있다.

아이디어는 일부러 짜내서는 안 된다. 생각해 내는 것이 아니라 깨닫는 것이어야 한다. 따라서 우선 자신의 체험이나 주변 사람들이 하고 있는 일에 주의를 기울여 보자. 그것이 스타트업의 아이디어를 얻는 지름길이다.

급속한 변화는 서서히 시작된다

앞서 설명한 '깨달음'이라는 말은 매우 중요하므로, 다른 시점에서 이 말을 생각해 보자.

스타트업의 성공을 좌우하는 요인으로 '급성장하는 시장을 선택한다'는 것이 있다. 그러나 급성장하는 시장 선택은 판단 자체가 매우 어렵다. 급속한 변화란 서서히 시작되기 때문에 수치상으로는 좀처럼 드러나지 않기 때문이다.

예를 들어 현재 회원 수가 10명이고, 매주 10퍼센트씩 성장하는 커뮤니티가 있다고 하자. 계산상으로는 다음주에 11명, 그리고 그다음 주에 12명이 되고 1개월 뒤에는 14명이 된다. 한 달 동안 고작 4명밖에 늘지 않은 셈이니 변화는 극히 미미하며 속도도 느리다.

그러나 그 성장이 1년 동안 지속된다면 어떻게 될까?

1년 후, 즉 52주 후에는 커뮤니티의 회원 수는 1400명을 넘기게 되고, 2년 후에는 약 20만 명, 3년 후에는 약 3000만 명의 커뮤니티로 성장한다. 그렇게 된다면 이것은 더 이상 커뮤니티가 아닌 하나의 시장이다.

이처럼 비선형적이면서도 함수적인 움직임은 초기에 서서히 진행되다가 급격한 변화를 이룬다. 금융의 복리 효과처럼 스타트업에서는 미미한 변화가 쌓여 '단번에 변했다'고 느끼게 만드는 현상이 얼마든지 일어날 수 있다.

이는 이론으로 그치는 일이 아니며, 실제로 비슷한 변화가 비즈니스 세계에서도 종종 일어나고 있다.

예를 들어 카메라 보유 대수는 그림 4와 같이, 최근 수년 동안 급격하게 증가하고 있다. 주로 스마트폰에 탑재된 카메라 덕분

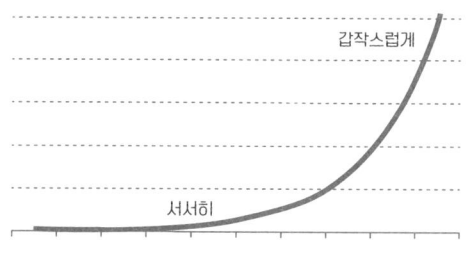

출처: ⟨Exponential curves feel gradual and then sudden⟩

그림 4 카메라 보유 대수의 성장세

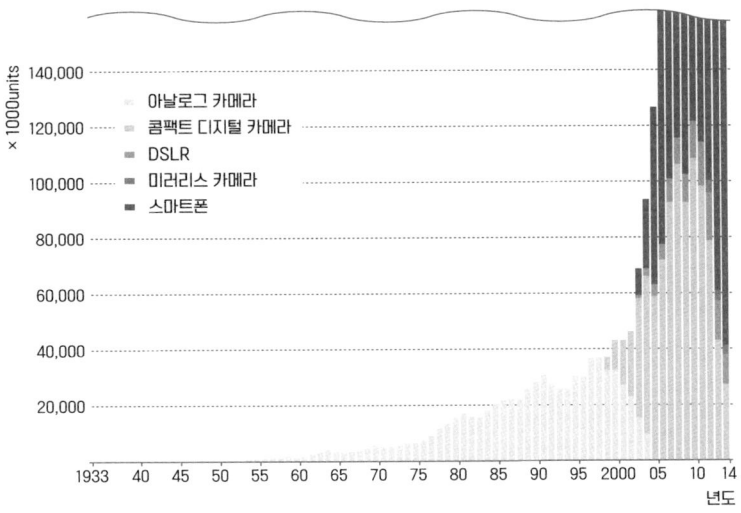

출처: Michael Zhang, ⟨This is What the History of Camera Sales Looks Like with Smartphones Included⟩
https://petapixel.com/2015/04/09/this-is-what-the-history-of-camera-sales-looks-like-with-smartphones-included/

이다. 숫자의 증가를 표시하는 그래프는 우리의 직관에 반하는 형태를 띠고 있다.

그림 4의 그래프를 로그로 나타내지 않고 그대로 표시하면 그림 5처럼 바뀐다.

초기 시점이라 할 수 있는 2008년에 이와 같은 변화를 감지한 사람은 사진 관련 애플리케이션 등을 개발하여 엄청난 수익을

그림 5 로그를 사용하지 않고 표현한 카메라 보유 대수의 성장세

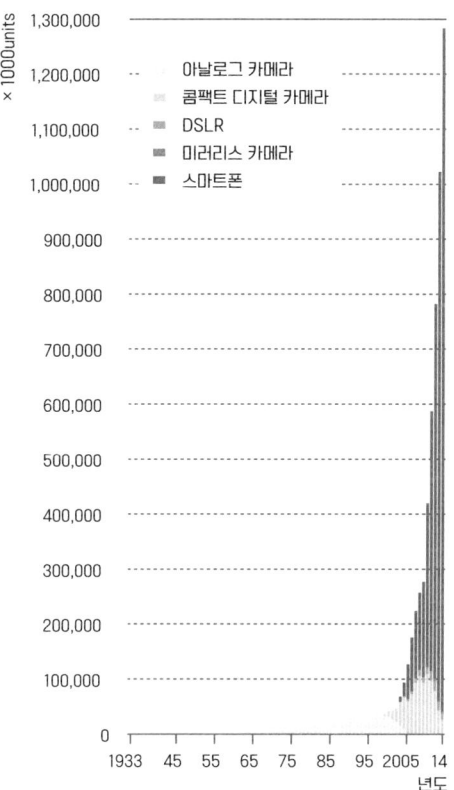

출처: 그림 4와 같음

거둘 수 있었다. 그 대표적인 예가 바로 인스타그램이나 스냅샷(Snapshot)과 같은 사진 위주의 SNS 애플리케이션이다.

함수적인 변화 또한 직관과는 정반대라 할 수 있다. 이렇듯 눈

앞에 놓인 데이터만을 보고 생각하지 않고 재빨리 변화의 조짐을 '알아차리는' 것이 중요하다.

Why Now?

초기 스타트업이 투자자에게 프레젠테이션을 할 때는 반드시 'Why This?', 'Why You?', 'Why Now?'와 같은 질문에 대답할 수 있도록 준비해야 한다. 즉, '왜 그 아이디어여야 하는가?', '당신의 팀이 그것을 실현할 수 있는 이유는 무엇인가?', 그리고 '왜 지금 해야 하는가?'이다.

지금까지 몇몇 우수한 스타트업에 투자해 온 벤처캐피털인 '세콰이어 캐피털'은 '2년 전도 아닌, 2년 후도 아닌, 왜 지금인가?'에 대한 질문을 던지는 것으로 유명하다.

한마디로 말해 'Why Now?'인 것이다. 창업 인큐베이터인 아이디어 랩(Idea Lab) 역시 다양한 제품을 분석한 결과, 성공하는 데 가장 중요한 요인은 타이밍이라고 결론을 내린 바 있다.

앞으로 어떤 급격한 변화가 일어날 것인지는 시장 분석이나 학자들의 이론을 공부해서 예상할 수 있는 것이 아니다. 오직 자기 자신의 깨달음에서 나온다. 그리고 'Why Now?', 다시 말해 지금 당장 시작하지 않으면 안 되는 이유를 그러한 깨달음을 통해 대답할 수 있어야만 한다. 급격한 변화의 전조는 투자자보다 기업가 자신이 빨리 알아차리는 법이다.

극적으로 변화하는 과학 기술에 주목하라

현대 사회에서 단기간에 큰 변화를 가져올 가능성을 숨기고 있는 분야는 과학이다.

수만 년에서 수천 년에 걸친 기간 동안 과학 기술의 진보는 상당히 더디게 진행되어 왔다.

예를 들어 석기시대에 만들어진 돌도끼는 거의 100만 년 이상 변함없이 사용되었다. 〈와이어드(WIRED)〉의 창간호 편집장인 케빈 켈리(Kevin Kelly)는 자신의 저서 《테크니움(Technium)》에서 "물레방아는 1년에 한 번 진보했고, 철의 강도는 10년에 한 번 강해졌으며, 옥수수 수확량이 몇 년 사이에 극적으로 늘어나는 일은 지금까지 단 한 번도 일어나지 않았다"고 지적했다.

그러나 지금은 다르다. 과학 기술은 하루가 다르게 눈부신 변화를 이루고 있다.

그중에서도 스타트업은 단순히 최신 과학 기술만이 아닌 급격한 변화를 눈여겨보아야 한다. Y콤비네이터의 샘 앨트먼은 특히 다음 3가지를 주목해야 한다고 강조한다.

1. 성능
2. 가격
3. 싸이클 타임(Cycle Time)

예를 들어 성능이 함수적인 변화를 보이는 것은 반도체였다. '집적회로상의 트렌지스터 수는 18개월마다 2배가 된다'는 '무어의 법칙(Moore's Law)'에 따라 실제로 2년마다 2.5배, 5년 만에 약 10배, 10년 만에 약 100배로 늘어났고, 성능 역시 극적으로 향상되고 있다.

그 결과, 높은 계산 능력을 가진 스마트폰의 크기도 손 안에 들어올 만큼 작아졌다. 수요에 의해 가격도 싸졌으며, 현재 세계적으로 수십억 명이 스마트폰을 소유하고 있다. 그리고 앞서 나왔던 그래프처럼 카메라 대수가 증가함에 따라 찍을 수 있는 사진의 양도 급증했다. 스마트폰에 의해 구매활동 방식도 변했다. 현재 수많은 온라인 구매활동이 스마트폰을 통해 이루어지고 있다.

이러한 기술 발전은 우리 생활방식에도 큰 변화를 가져왔다.

지금 같은 변화를 10년 전에 예상한 사람은 과연 얼마나 될까.

최근 몇 년 동안 생명과학을 이용한 스타트업이 주목을 받고 있는데, 그러한 배경에는 유전자 정보 분석 가격의 저하가 한몫을 하고 있다. 가격 추세는 10년 간 '무어의 법칙'을 추월할 만큼 빠르게 하락하고 있는 상태다.

마찬가지로, 각국 정부의 청정에너지 추진 방침과 맞물려 태양광 발전의 단가 역시 해를 거듭할수록 낮아지고 효율은 좋아지고 있다. 덕분에 청정에너지 분야의 스타트업이 새롭게 각광받고 있다.

그림 6 유전자 정보 분석의 가격 변화

출처: <National Human Genome Research Institute>
https://www.genome.gov/27565109/the-cost-of-sequencing-a-human-genome/

과학 기술로 인해 제작 단가가 내려가면 그와 관련된 여러 스타트업의 도전도 활발해진다.

가격이 내려갈수록 그것을 사용하고 실패를 경험할 확률도 높아진다. 따라서 그만큼 도전하는 횟수도 자연스럽게 증가한다.

이러한 영향은 심리적인 면에서도 크게 작용하여 단가가 낮아지면 낮아질수록 불필요한 사용법을 시험할 확률도 높아진다. '고장이 나더라도 다시 새것을 사면 된다'는 심리가 작용하여 도전을 촉진시킨 결과, 일반적인 사용 범위를 넘는 용도로도 쓰이면서 새로운 영역으로 확장되는 현상이 나타나는 것이다.

예를 들어 구텐베르크가 포도 압출기를 응용하게 된 계기는 와인 양조장이 이곳저곳에 생기면서 기계를 자주 접할 수 있었기 때문이다.

압출기가 보급된 것도 가격 하락에 요인이 있었다. 말하자면 당시에는 구텐베르크가 활판인쇄기를 개발하다 압출기를 고장 내더라도 다른 물건을 구하기 쉬운 환경이 조성되어 있었다. 이와 같은 환경이 인쇄기술의 발명을 불러온 셈이다.

이노베이션에서
이노베이션으로

과학 기술의 진보나 발명 과정에는 성능을 높이기 위한 일종의 '미친 아이디어'가 있었다. 따라서 최신 기술을 활용한 아이디어는 그것 자체만으로도 스타트업이 될 가능성을 포함하고 있다.

그러나 과학 기술의 진보만으로 스타트업이 성공할 수 있는 것은 아니다. 스타트업으로 성공하려면 진보된 기술로 해결할 수 있는 큰 과제와 비즈니스를 유지할 수 있게 만드는 비즈니스 모델이 필요하다.

예를 들어 최근 음성인식 기술의 정밀도는 극적인 진보를 이루고 있다. 그러나 그것을 어떻게 사용해야 차원이 다른 성과를 올릴 수 있을지는 어떤 과제를 선택하느냐에 달려 있다. 이것은 어떤 의미에서 볼 때 기술이라는 대답이 먼저 나와 있고, '대답이 질문을 기다리고 있는' 상태라고도 말할 수 있다.

이노베이션(Inovation)은 흔히 기술 혁신이라 번역되기도 하지만 사회적 의의를 가진 새로운 가치를 만들어 내고, 사회에 큰 변화를 가져오는 것을 가리키기도 한다. 단순히 과학적 이노베이션, 즉 '발명'만으로는 어느 누구에게도 그 성과가 돌아가지 않거나 사회에 새로운 가치를 창조하지 못하는 경우가 많다.

그래서 어떤 사람들은 '이노베이션에 반드시 기술이 필요한 것은 아니다'라고 말하기도 한다. 하지만 대부분의 이노베이션은 과학 기술의 진보를 바탕으로 이루어진다.

그리고 그중 일부는 기술이라는 대답이 이미 선행된 상태에서 '기술로 과제를 해결할 수 있을까?'라는 질문에 '깨달음'을 얻음으로써 가치를 드러내기도 한다.

예를 들어 레이저는 개발 초기에 특정한 목적을 위해 만들어졌지만 현재 그 원리는 CD나 시력 교정, 현미경 수술과 같은 다양한 분야에서 응용되고 있다. 레이저의 원리를 발견했다고 알려진 미국의 물리학자 찰스 타운스(Charles Townes)는 인터뷰에서 "레이저가 그렇게 쓰일 줄 상상했는가?"라는 질문에 "나는 단순이 광선을 분해하기 위해 만들었을 뿐"이라고 대답했다.

최근 몇 년간은 컴퓨터 게임이 기계 발전을 이끌기도 했다. 몇몇 사람들이 진보한 GPU[graphic processing unit(그래픽 카드)]가 계산 능력에 도움을 준다는 사실을 포착했고 이를 응용한 제품들을 만들기 시작한 것이다.

발명 당시에는 보이지 않았던 응용 가능성이 이후 새롭게 대두되는 경우도 많다. 다시 말해 어떻게 그 기술을 본래와는 다른 용도로 응용할 것인지 생각하는 과정에 스타트업의 아이디어가 숨겨져 있는 것이다.

이노베이션에 연연하지 않고 그것에서 어떤 새로운 가치를 끌어낼 수 있는지를 고민하는 것이 스타트업의 아이디어를 깨닫는 데 필요한 사고법이다.

스타트업은 '지수법칙(power law)'을 따른다

Chapter 1의 마지막에는 스타트업이 가지는 '지수법칙'적인 특징에 대해 설명하고자 한다. 이 특징을 이해하기 위해서는 스타트업 기업의 개별적인 성공 사례가 아닌, 벤처캐피털의 시점으로 범위를 확대하여 스타트업 업계 전체를 바라볼 필요가 있다.

벤처캐피털이란 스타트업에 투자하는 대신 주식을 구입하여 해당 회사가 성장한 후 가치가 올라간 주식을 매도해서 수익을 얻는 금융업을 가리킨다.

즉, '헤아릴 수 없이 많은 스타트업 중에서 어떤 회사가 성공할지' 재빨리 파악하고 그런 회사에 투자하는 것이 벤처캐피털의 업무이다.

통상적으로 경쟁이라고 하면 1위와 2위, 그리고 3위가 근소한 차이를 보이며 골인 지점에 다다르는 것을 떠올린다. 그러나 스타트업의 경우에는 1, 2위의 격차가 수십 배에 달하는 경우가 흔하다. 그리고 1위를 기록한 회사가 벌어들이는 수익은 투자액에 비해 비대칭적으로 크다. 이러한 비대칭적인 현실과 일반적인 인식은 그림 7과 같이 어긋나는 경향이 있다.

2012년 페이스북이 상장되었을 때, 투자자 피터 틸은 1000배 이상의 수익을 냈다. 여기서 놀라운 점은 페이스북 상장으로 발생한 이익이 그해 벤처캐피털 업계 전체 이익의 35퍼센트에 달

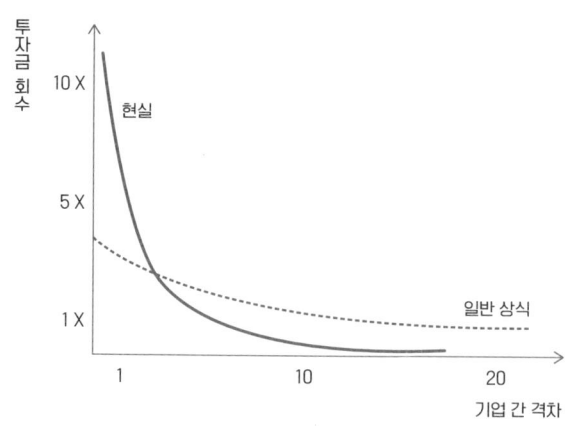

그림 7 　스타트업에 있어 투자금 회수와 기업 간의 격차는 '지수법칙' 관계에 있다

할 정도로 엄청났다는 것이다. 수익 면에 있어서도 2009년부터 2014년까지 5년 동안 페이스북 한 개 회사만이 독보적인 위치를 점유하고 있다.

실제로, 벤처캐피털 업계의 연간 수익의 대부분은 상위 10여 개의 회사가 창출한다.

스타트업의 성공은 기본적으로 이처럼 비정상적인 수치로 나타난다. 따라서 벤처캐피털이 되도록 많은 투자금을 회수하기 위해서는 이와 같은 '예상외의 수치'를 발견해 내야 한다. 특히 스타트업 초기에 투자하는 벤처캐피털일수록 '예상외의 수치'를 노리는 경향이 강하다. 쉽게 말하면 벤처캐피털은 '히트'가 아닌 '홈런'을 노리는 비즈니스다.

벤처캐피털이 말하는 '성공'이란 투자 대비 '히트'의 비율이 아니다. 실패의 빈도보다는 제대로 된 타이밍에 거두는 성공의 크기(규모)가 더 중요하게 여겨진다. '실패에 연연하지 않고 큰 그림을 보아야 하는' 비즈니스인 것이다. 벤처캐피털은 오직 홈런에만 초점을 맞춘다. 안타나 삼진 아웃은 별 의미가 없다. 벤처캐피털 업계에서는 이러한 현상을 '베이브 루스 효과'라고 일컫는다. 전설적인 미국의 야구선수였던 베이브 루스(Babe Ruth)가 삼진 아웃이나 안타 수는 적지만 압도적으로 많은 홈런을 기록한 데서 비롯된 말이다.

트위터에 투자한 것으로 잘 알려진 유니온 스퀘어 벤처스(Union Square Ventures)는 최근 자사 펀드로 21개 회사에 투자했고, 그중 9개는 실패했다.

단, 남은 12개 회사의 투자로 최고 115배, 82배, 68배, 30배, 21배의 수익을 거두었다. 상상을 초월하는 수익이 발생했기에 실패율은 그다지 중요하지 않다.

'고만고만한 안타를 여러 번 기록할 회사가 아닌, 세상을 바꿀 만한 회사에만 투자한다'는 것이 벤처캐피털 업계의 올바른 투자 공식이다.

실제로 높은 수익률을 기록하는 벤처캐피털은 다수의 홈런 횟수만큼, 수익이 거의 없거나 마이너스를 기록한 투자 또한 상상 이상으로 많다.

히트가 아닌 홈런을 노려라

만약 벤처캐피털로부터 자금을 지원받아 단번에 성장할 비즈니스를 찾는다면 엄청난 변화를 가져올 아이템, 다시 말해 홈런을 칠 비즈니스를 생각해야만 한다.

안타를 노리고 기획서를 만들어 벤처캐피털의 문을 두드려 보았댔자 그들은 좀처럼 기회를 주지 않을 것이기 때문이다. 투자자의 지원을 얻어 내려면 처음부터 홈런을 목표로 삼아야 한다.

좋은 투자자는 최종적으로 크게 도약하리라 예상되는 대상에게만 투자를 감행한다. 반대로 능력 없는 투자자일수록 어느 정도 이익을 낼 만한 아이템을 중심으로 투자하는 경향이 있다.

좋은 투자자에게 투자를 받는 것은 스타트업의 성공 확률을 높이지만 나쁜 투자자를 만나는 경우에는 경영에 지장을 주어 좋지 않은 결과로 이어지기도 한다.

이러한 관점에서 보았을 때 스타트업은 본연의 의미를 잃지 않는 벤처 분야의 아이디어, 즉 '홈런을 목표로 하는 아이디어'가 성공하기 쉽다는 결론을 도출할 수 있다.

물론 이것은 벤처캐피털과 같은 투자자에게 자금을 지원받을 때의 이야기다. 합리적인 아이디어로 안타를 노리는 회사라면 오히려 은행에서 융자를 받는 편이 더 빠를 수 있다.

반면, 단기간에 급성장을 목표로 하는 비즈니스인 경우에는 가급적 기획 초기단계부터 성공했을 때 얼마나 큰 수익을 낼 수 있는지를 의식하여 아이디어를 생각해야 한다.

비전, 미션, 스토리의 중요성

지금까지 이야기한 내용을 정리해 보자. 스타트업의 좋은 아이디어는 다수의 이해를 얻기 어렵다. 그것은 어떤 측면에서 '기업가는 고독하다' 혹은 '올바른 고독을 즐겨라'라는 의미로 해석될 수 있을 것이다.

다시 말하지만, 스타트업에 알맞은 아이디어를 실행하기 위해서는 수많은 반대를 감수해야 한다. 따라서 스타트업을 시작하려는 사람은 주변의 반응이 어떻든지 간에 스스로 지속 가능한 아이디어인지, 그리고 그것을 통해 달성하고 하는 비전이나 미션이 무엇인지 자문해 볼 필요가 있다.

사람들의 조언을 받아들이거나 경우에 따라서는 진행 방향을 조정하면서도 핵심은 흔들리지 말아야 한다. 실제로 대다수의 기업가들은 그러한 역경을 이겨 내고 있다.

현재 세계에서 가장 존경받는 기업가 중 한 명인 엘론 머스크는 2002년 우주 개발 사업인 스페이스 엑스(Space X)를 창업했다. 창업 당시, 민간 기업이 화성 이주 계획을 성공시킬 수 있으리라 생각하는 사람은 아무도 없었다.

그의 또 다른 회사인 전기자동차 브랜드 테슬라 모터스는

2003년 설립되었는데, 그때만 해도 전기자동차나 자동운전 시스템은 '황당한 이야기'로 취급당하기 일쑤였다. 그런데 사람들의 비웃음을 그대로 받아들이면서 노력을 게을리하지 않은 결과, 10여 년이 지난 지금 테슬라는 명실상부 최고의 전기자동차 브랜드로 명성을 쌓아 가고 있다.

　인류 최초의 유인 비행을 실현한 라이트 형제도 마찬가지다. 그들이 처음으로 유인 비행을 성공했을 때 어떤 신문에서도 관련 기사를 찾을 수 없었다. 최초로 관련 기사가 신문에 실린 것은 비행이 성공하고 3년이나 지난 후였다.

　그동안 그들은 과연 무엇을 하고 있었을까?

　형제는 세계 각지를 돌며 유인 비행 실험을 감행했다. '유인 비행은 가능하다'는 사실을 유럽과 미국의 투자자들에게 알리고 비행 실험을 계속하며 그들을 설득한 것이다.

　라이트 형제의 위업을 스타트업 시각으로 해석해 보자. 그들은 '미리 규정하지 않는', 다시 말해 무리하게 유저들을 끌어모으지 않고 비행기의 의의와 실제로 가능하다는 점을 보여 주고자 했다. 덕분에 동력 비행기의 뛰어난 성능을 전파할 에반젤리스트 유저(evangelist user)를 확보할 수 있었다.

　위대한 발명들 중 처음에는 그 가치가 드러나지 않는 사례가 적지 않다.

라디오는 출시 당시 투자자들에게 '모르는 상대방에게 메시지를 보내는 것만큼 상업적 가치가 없는 장치'라는 평가를 받았다. 전화 역시 불필요한 물건으로 취급받았고, '말 없는 마차'인 가솔린 자동차도 발명 초기에는 의회에서 아예 인정조차 받지 못하는 수모를 겪었다.

벨연구소(Bell Lab)에서 발명된 트렌지스터(transistor)는 라디오에 관한 뉴스 한쪽 구석에 4줄짜리 짤막한 기사로 다루어졌다. 진화론이 담긴 찰스 다윈(Charles Darwin)의 논문은 발표한 그해 연말에 영국 린네협회(Linnean Society of London) 회장으로부터 "충격을 받을 만한 발견은 아니다"라는 평가를 받았다. 전설의 뮤지션 비틀즈조차 활동 초반에는 "기타 연주가 시대에 뒤떨어진다"는 혹평을 들어야 했다.

스타트업으로 화제를 옮겨 보자. 구글은 처음 자금을 조달하기까지 투자자를 대상으로 350회가 넘는 프레젠테이션을 치러야 했다. 즉, 351번째 도전으로 투자를 받게 되기까지 수많은 거절과 혹평을 감수해야만 했다.

비슷한 예로, 온라인 커뮤니케이션 툴인 스카이프(Skype)는 40회, 컴퓨터 네트워크 기기를 만드는 시스코(Cisco)는 76회, 온라인 라디오 판도라(Pandora)는 200회 등등, 첫 번째 투자금을 받기까지 실패를 반복했다. 그러나 그들은 포기하지 않았기 때문에 투자자로부터 지원을 받을 수 있었고, 그 후 사업을 크게 성장시킬 수 있었다.

이처럼 여러 차례에 걸친 실패에도 굴하지 않고 마침내 엄청난 위업을 달성한 사례는 얼마든지 있다. 실제로 트렌드에 보수적이며 체제가 흔들리지 않는 사회일수록 상장기업이 될 가능성이 높다는 연구 결과도 있다.

폴 그레이엄은 기업가의 중요한 자질로, "끈질기고 임기응변에 능한(Relentlessly Resourceful) 사람"을 꼽았다. 스타트업은 결코 순탄치 않다. 경영하는 과정에서도 마치 롤러코스터를 탄 것처럼 긴박한 상황 변화를 수시로 겪는다. 따라서 기업가는 그런 상황에 유연하게 대응하면서 본래의 신념을 잃지 않고 해결책을 찾아 나가야 한다.

신념을 갖지 못한 채 대응하다 보면 상황에 휩쓸려 우왕좌왕하게 된다. 사업적으로 중요한 부분을 포기하지 않고 끈질기게 도전하기 위해서는 '비전과 미션, 스토리'의 3박자가 두루 갖추어져야 한다.

그리고 그 3박자는 자신에게 도움이 될 뿐만 아니라 앞서 이야기한 것처럼 스타트업에 많은 사람들을 끌어모으기 위한 원동력이 된다.

단순히 나쁘기만 한 아이디어는 하루라도 빨리 정리해야 한다.

더불어 의지를 가지고 버텨야 한다. 샘 앨트먼은 대다수의 기업가들이 "지나치게 빨리 포기해 버리는 경향이 있다"고 지적한다.

미래 가설로서의 스타트업

Chapter 1에서는 어떤 아이디어가 스타트업으로 좋은 것인지에 대해 설명했다.

글을 읽고 '시대를 거슬러 나아가야 한다'는 점에 지나치게 연연하는 사람이 있을지도 모른다. 그러나 이 책에서 말하고자 하는 핵심은 '스타트업이라는 영역으로 한정시킨다면 나름대로 능숙하게 앞질러 갈 방법이 있다'는 것이다.

'세상에는 아직 밝혀지지 않은 비밀이 다수 남겨져 있다'는 기업가의 낙관적인 신념에서 출발한 스타트업 아이디어는 한마디로 '아무도 믿지 않지만 우리만 믿고 있는 미래에 대한 가설'이다.

지금은 아무도 믿고 있지 않기 때문에 만약 예측이 맞아 떨어졌을 때 그만큼 반향도 커진다. 그것은 '앞으로 이 기술이 유행할 것이다' 또는 '사회와 세계는 이렇게 바뀔 것이므로 지금 이것이 가능하다'는 미래 가설이기도 하다.

지메일(Gmail)과 SNS 서비스인 프렌즈터(Friendster)의 개발자로, Y콤비네이터와도 깊은 인연을 갖고 있는 폴 부케이트(Paul Buchheit)는 기업가들에게 "미래에 살며 결여된 무언가를 만들라"고 말한다. 피터 틸은 스타트업을 희망하는 사람들에게 "앞으로 10년에서 20년을 내다보고 세계가 어떻게 되고 자신의 비즈니스는 그 세계에 어떻게 적응하고 있는가?", "아무도 만들지 않은 가치 있는 기업이란 어떤 기업인가?"라고 항상 자문해야 한다고 강조한다.

본인만이 믿고 있는 미래의 가설은 과연 무엇인가.

그 대답은 틀림없이 당신만의 스타트업 아이디어가 될 수 있을 것이다.

Chapter 1 정리

- 스타트업에서는 불합리한 아이디어가 더 합리적이다. 별 볼 일 없어 보이지만 실제로 좋은 아이디어를 찾을 필요가 있다. 단, 좋지 않아 보이는 아이디어의 대부분은 정말로 그렇다는 사실을 염두에 두자.

- 어려운 문제나 귀찮은 과제가 지원을 받기도 쉽고, 경쟁 상대가 없을 것이므로, 결과적으로는 비즈니스로 이어지기 쉽다. 따라서 사회적인 영향력이 큰 과제를 선정하도록 한다.

- Chapter 1에서 설명한 내용은 어디까지나 단기적 급성장을 목표로 하는 스타트업 아이디어에 국한된 것이므로 모든 사업에 해당되지는 않는다.

✔ 아이디어 체크 리스트

'별 볼 일 없어 보이지만 실제로는 좋은 아이디어란 무엇인가'를 검증하기 위한 체크 리스트로, 참고할 만한 투자자나 기업가의 의견을 정리해 보았다. 모든 질문에 답해야 할 필요는 없지만 검증 과정의 하나로 방향을 잡는 데 도움이 되리라 생각한다.

✔ 아이디어

☐ 시시해 보이지만 실제로는 좋은 아이디어인가? -샘 앨트먼

☐ 찬성하는 사람이 거의 없는, 자신만이 알고 있는 중요한 진실을 전제로 한 아이디어인가? -피터 틸

☐ 본인만이 알고 있는 비밀을 사용한 아이디어인가? - 크리스 딕슨(Chris Dixon)

☐ 뛰어난 두뇌를 가진 사람들이 주말에 시도할 만한 아이디어인가? -크리스 딕슨

☐ '나는 어떤 문제를 해결할 것인가'를 생각하는 대신, '누군가 해결해 준다면 어떤 문제를 정리해 주기를 원하는가'를 고려해 보았는가? -폴 그레이엄

☐ 아무도 만들어 내지 않은, 가치 있는 기업이란 어떤 기업인가? -피터 틸

✓ 검증

- 그 아이디어는 생각해 낸(think up) 것이 아니라 깨달은(notice) 것인가? -폴 그레이엄
- 아이디어보다 사람에 중점을 둔다고 했을 때, 특히 병적이라고 할 만큼 활기차고 독립심이 강한 사람에게 주목하여 깨달은 아이디어인가? -폴 그레이엄
- 다른 사람의 아이디어를 모방한 아이디어는 아닌가? -폴 그레이엄
- 사람들에게 아이디어를 말할 때 대부분 이해하지 못해 답답했던 아이디어인가? (혹은 비웃음을 샀던 아이디어인가?) -크리스 딕슨
- 아이디어를 비밀로 하고 있는가? -크리스 딕슨
- 'Why Now?'에 대답할 수 있는가? 그렇다면 어째서 그 아이디어가 왜 2년 전에는 시기상조였고, 2년 후에는 늦다고 생각하는가? -세콰이어 캐피털
- 'Why You?'에 대답할 수 있는가? 그렇다면 다른 사람은 불가능하고, 본인만이 할 수 있다고 생각하는 이유는 무엇인가? 본인의 지적 호기심이나 전문성이 가미된 것인가? -폴 그레이엄
- 자신의 직접적인 체험에서 깨달은 아이디어인가? -크리스 딕슨
- 다른 사람이나 기존 사업가의 눈에는 장난처럼 보이는 일인가? -크리스 딕슨
- 현재 사회적 규범에 맞지 않는 것처럼 보이는가? -크리스 딕슨
- 일부 투자자에게만 통하고 대다수의 투자자들에게는 외면당한 아이디어

인가? -샘 앨트먼

□ 스타트업을 위해 만들어 낸 것이 아니라 자연 발생적으로 나온 아이디어인가? -폴 그레이엄

□ 미래를 내다보았을 때 현재 존재하지 않지만 미래에는 있을 법한 것인가?
　　-폴 부케히트

✔ 과제

□ 지금까지 간과했던 문제인가? -폴 그레이엄
□ 몇 가지 장애를 가진, 곤란한 과제인가? -샘 앨트먼
□ 구글이나 다른 회사를 포함해 고급 기술을 가진 높은 지위의 엔지니어가 본인의 회사를 선택할 만한 아이디어인가? -피터 틸
□ 아이디어의 실행에 있어 귀찮고 힘든 과정이 동반된다는 이유로 아무도 손대지 않고 있는 과제인가? -폴 그레이엄
□ 칫솔 테스트[Toothbrush Test(구글의 CEO 순다 피차이(Sundai Pichai)가 제창한 기업정신. 칫솔처럼 매일 일상적으로 사용하면서 가치를 인식할 만한 서비스인지 판단하는 것)]를 통과한 과제인가? -래리 페이지(Larry Page)

✔ 기술

- 최신 기술에 의해 새롭게 해결할 수 있는 문제이며, 동시에 가장 빠르게 인식할 수 있는 아이디어인가? -폴 그레이엄
- 2배, 3배가 아닌, 10배 이상 효율을 향상시키거나 가격을 낮출 수 있는 것인가? -벤 호로비츠(Ben Horowitz)
- 가격이나 사이클 타임(제품을 만들어 내기까지 필요한 시간)이 급격하게 변하고 있는 기술적인 영역인가? -샘 알트먼
- 기존의 기술로도 새롭게 구성할 수 있거나, 새로운 영역에 응용할 만한 것인가? -스티븐 존슨(Steven Johnson)

✔ 전략

- 지금은 아직 작은 시장이 형성되어 있는 것인가? -피터 틸
- 그 작은 시장을 독점할 수 있는가? -피터 틸
- 급성장하고 있는 시장인가? -샘 알트먼
- 이대로 진행된다면 얼마나 큰 기업으로 성장할 수 있는가? -폴 그레이엄
- 경쟁자가 있다면 우위에 설 수 있는가? -아론 해리스(Aaron Harris)
- 규모를 정하지 않고 시작하는 일인가? -폴 그레이엄

Chapter 2

전략:
작은 시장을
독점하라

　대다수의 스타트업 창업자는 비전과 미션, 아이디어를 갖고 사업을 시작한다. 그리고 비전이나 미션을 실현하기 위해 전략을 짜고 그 전략에 근거하여 제품이나 서비스를 만든다.
　하지만 스타트업의 전략은 처음부터 정해지지 않는 경우가 많다. 아이디어, 제품과 마찬가지로 고객과 소통하는 과정에서 발전하거나 새롭게 전개되는 성질을 갖고 있다.
　그렇다고는 해도 전략이 아예 없으면 발전 방향이나 진행 방식이 표류할 수 있다. 한때 '전략 없이 실패를 거듭하면서 사업적인 전환을 맞이하고 그 안에서 전략을 결정하면 된다'는 식의 사고방식이 널리 퍼져 있었지만, 최근 들어 전략의 중요성이 재확인되고 있다.

몇 년 사이에 급성장을 이룬 스타트업이 어떤 전략을 구축해 왔는지(그것이 계획적이든 결과적이든 간에) 살펴봐야 하는 이유가 바로 여기에 있다.

Chapter 2에서는 스타트업에 적용할 만한 전략에 대해 설명하기로 한다. 특히 이번에는 피터 틸의 이론을 중심으로 소개할 생각이다.

경쟁이 아니라
독점하라

스타트업의 전략에 대해 생각하기 전에 먼저 중요한 키워드를 살펴보자. 바로 '독점'이다. <u>스타트업이 목표로 해야 하는 것은 어디까지나 '경쟁'이 아닌 '독점'이다.</u>

일반적으로 경쟁은 기업에게 긍정적인 영향을 끼친다. 경쟁으로 인해 소비자에게 보다 저렴하고 좋은 상품이 제공된다는 것쯤은 경제학을 잘 모르는 초보라도 잘 알고 있다. 이 책을 읽는 독자들 역시 소비자의 입장에서 익히 실감하고 있을 것이다.

반면, 기업의 입장에서 보면 치열한 경쟁은 비참한 결과를 초래하기 쉽다. 경쟁이 심한 환경에서는 장기적으로 이익을 내기 어려워질 뿐만 아니라 한번 가격 경쟁력에서 뒤처지면 스타트업 같은 소자본 기업은 살아남기가 거의 불가능하다.

본래 스타트업은 이익률이 낮은 사업에 불리한 구조를 갖고 있다. 일시적으로 이익이 발생하지 않아도 별수 없이 감당해야만 하기 때문이다. 그러나 아무리 시간이 흘러도 큰 이익을 낼 가능성이 없다면 아무리 외관이 성장했다고 해도 중간에 무너지거나 급격한 성장을 이루기 위한 다음 단계에 진입하지 못한다.

반면, 독점할 수 있다면 이야기는 달라진다. 높은 이익률을 기록할 수 있기 때문이다.

독점으로 얻어진 이익은 스타트업이 더 진보된 아이템에 도전하게 만든다. 왜냐하면 높은 이익률에 의해 장기적으로 혁신을 위한 투자를 지속적으로 수행할 수 있기 때문이다. 더불어 그 투자는 독점을 더욱 견고하게 만들어 줄 것이다.

경쟁은
편중 현상을 부른다

스타트업 중 중간 정도의 이익률을 내는 기업은 거

의 존재하지 않는다.

예상보다 많은 기업이 헤아릴 수 없이 높은 이익을 기록하고 있거나 반대로 미미한 이익률에 기대어 생존하는 극단적인 양상을 보이고 있다. 다시 말해 '과당경쟁'과 '독점'처럼 경쟁 환경이 양극화된 것이다.

피터 틸은 "경쟁이 발생했을 때 수익을 올리는 기업이 여러 곳 존재하는 업계는 많지 않다"고 지적한다. 그리고 "경쟁이 '경쟁 아니면 독점'으로 극단적인 편중 현상 속에서 존재하는 경우라면 스타트업은 독점을 지향해야 한다"고 말한다.

어중간한 위치에서는 치열한 경쟁에 휘말리기 쉽고, 한계까지 이익률이 떨어져 장기적으로는 혁신을 도모할 수 없게 된다.

《마이클 포터의 경쟁전략(Competitive strategy: techniques for analyzing industries and competition)》의 저자 마이클 포터(Michael Porter)도 "기업은 경쟁을 해서는 안 된다"고 강조한다. 그는 "경쟁에서 이기는 길은 어떻게 하면 경쟁에서 빠져나올 수 있는지, 그 방법을 찾는 것"이라 조언한다. 이 과정은 지속적으로 고수익을 올리기 위해 반드시 필요하다.

독점은 소비자에게 제공되는 가장 큰 혜택이다

소비자의 입장에서 볼 때 독점은 '불리하다'는 이미지가 강하다. 그러나 모든 독점이 부정적인 것은 아니다.

본래 독점 현상이 발생하는 까닭은 다른 회사에서는 수익을 낼 수 없는 독자적인 가치를 제공하기 때문에 결과적으로 일부 영역을 점유하고 있는 것이다. 만일 한 개의 기업만이 제공할 수 있는 가치이고 상대적으로 저렴한 대체품이 없다면, 고객들은 프리미엄 가격이라고 여기고 기꺼이 비용을 지불한다. 독점은 독창적인 제품이나 서비스가 가능할 때만 만들어진다. 앞서 설명했듯이 독점 기업은 장기적인 혁신에 투자할 수 있기 때문에 뛰어난 인재들을 모으기도 쉽다.

예를 들어 미국의 벨시스템[Bell System(현 AT&T)]이 전화 사업을 독점하는 사이, 연구 개발 기관인 벨연구소에서는 전화교환기나 트랜지스터, 정보이론 등 현재 컴퓨터의 기반이 되는 다양한 기술을 개발할 수 있었다. 장기간에 걸친 독점 덕분에 가능했던 혁신의 사례다.

현대에 이르러 구글이나 마이크로소프트, 페이스북과 같은 기업도 그 이익을 연구 개발에 투자하고 있다. 구글은 'X'라는 팀을 구성하여 '달 탐사(Moonshot)'처럼 굵직한 이슈를 가진 프로젝트를 동시다발로 진행하고 있으며, 페이스북은 인터넷을 확대, 보급하기 위한 다양한 활동을 벌이고 있다. 이처럼 독점 기업의 막대한 이익은 새로운 혁신을 낳고, 소비자에게 새로운 가치를 모색하는 원동력으로 작용한다.

지속적으로 이익을 창출하거나 장기적으로 혁신을 이루기 위해서라도 스타트업은 독점을 목표로 해야만 한다. 그리고 독점하기 위해서는 경쟁에서 이기는 것이 아닌, 독자적인 가치와 방식을 모색해야 한다.

독점의 조건

지금까지 독점의 중요성에 대해 이야기했다. 그렇다면 독점을 실현하기 위해 어떤 전략을 세워야 할까?

우선 무엇보다 '신속함'이 중요하다. 다른 기업이 끼어들기 전에 단번에 독점을 이루지 못하면 경쟁에 휘말려 버릴 수 있기 때문이다. 피터 틸은 시장을 빠르게 독점하려면 다음과 같은 5가지 조건을 충족시켜야 한다고 강조했다.

1. 작은 시장을 고를 것
2. 소수의 특정 고객이 집중되어 있을 것
3. 라이벌은 거의 존재하지 않을 것
4. 고객을 파고드는 구조일 것
5. 규모를 조정할 때 필요한 한계비용이 낮을 것

IT 분야는 위의 조건에 해당될 뿐 아니라 규모면에서도 경제성을 갖고 있기 때문에 결과적으로 독점을 실현하기 쉽다. 피터 틸은 최근 실리콘밸리의 부흥도 5가지 조건을 모두 만족하는 IT 비즈니스가 많았기 때문이라고 지적했다.

5가지 조건 중에 가장 의외의 항목은 아마도 '작은 시장을 고를 것'일 것이다. 언뜻 불합리하게 느껴지는 이 전략은 왜 필요한 것일까?

이를 이해하려면 우선 대기업의 입장에서 바라볼 필요가 있다.

'이노베이션 딜레마'를 이용하라

대기업은 예측 가능한 위험을 배제할 때 합리성을

중시하여 의사 결정을 한다. 그리고 대부분의 경우 합리적인 의사 결정은 긍정적인 결과를 도출한다. 그러나 때로는 그러한 합리성이 잘못된 의사 결정을 이끌어 내기도 한다.

하버드대학의 크리스텐슨(Christensen) 교수팀은 대기업의 합리성 중심의 활동을 '이노베이션 딜레마'라는 기업 경영 이론으로 정리했다. 이노베이션 딜레마는 대기업에 의한 '점진적 이노베이션'이라고도 하는데, 지속적인 기술 발전에 힘쓴 나머지 로엔드[low-end(제품군 가운데 비교적 성능이 떨어지는 제품. 하이엔드의 반대말-옮긴이)] 제품에 대한 수요를 무시하게 되고, 그러다 갑작스럽게 등장한 '파괴적인 이노베이션' 제품, 즉 혁신적 가치를 지닌 로엔드 제품에 의해 추월당하는 현상을 가리킨다.

이 이론이 등장했을 때 '점진적 이노베이션'과 '파괴적 이노베이션'의 신선한 대비가 주목을 받기도 했다. 그러나 눈여겨보아야 할 부분은 '왜 기존 기업은 점진적 이노베이션에 투자를 하는가'이다.

크리스텐슨 교수팀은 대기업이 파괴적 이노베이션에 대응할 수 없는 이유에 대해 "파괴적 이노베이션에 무지하다기보다는 합리적인 판단에 의해 파괴적 이노베이션에 대응하지 않는 쪽을 선택한 것" 혹은 "선택할 수밖에 없다"고 주장했다.

대기업은 고객의 목소리를 듣고 기술과 조직을 발전시킨다. 이

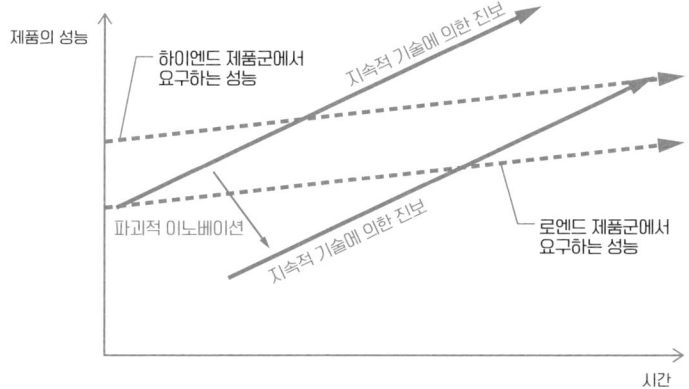

그림 8 이노베이션 딜레마

것은 합리적일 뿐 아니라 바람직한 활동이다. 그들은 조금씩 발전을 거듭하는 점진적 이노베이션에 투자함으로써 고객의 요구에 대응하고, 매출 변화를 합리적으로 판단한다. 더불어 매출과 함께 순조롭게 조직을 키워 나가면서 최적화와 효율화를 반복하여 조직 운영에 필요한 이익과 가격 구조도 서서히 바꾸어 나간다.

그런데 이때 파괴적 이노베이션이 등장한다고 가정해 보자.

파괴적 이노베이션은 대부분의 경우 로엔드, 그것도 '사소한 요구를 충족시키는 것'에서부터 시작된다. 만약 파괴적 이노베이션이 점진적 이노베이션을 따라잡고, 조직이 그 등장에 대해 인지하게 되더라도 파괴적 이노베이션이 목표로 하는 시장에서는 조직을 키울 만한 이익이 창출되지 않는다. 따라서 투자할 수도 없다. 그것이 합리적인 판단이기 때문이다.

점진적 이노베이션에 의해 성장해 온 대기업은 합리적인 판단을 바탕으로 파괴적 이노베이션의 시장을 무시하는 반면, 파괴적 이노베이션은 그 후에도 기술적 진보나 성능 향상, 대상으로 삼은 시장의 지속적인 성장 등으로 기존의 기업 제품을 넘보기도 한다.

<u>조직은 파괴적 이노베이션 자체에 취약하다기보다는 조직의 합리적인 판단에 의해 실패한다.</u> 그 결과 딜레마가 발생하게 된다. 이것이 바로 '이노베이션 딜레마'의 핵심 포인트다.

우리는 여기서 '기존 기업은 합리적인 판단만으로 실수를 범한다'는 것과, 한 걸음 더 나아가 '거의 모든 경우 그 합리적인 판단을 피할 수 없다'는 교훈을 얻을 수 있다.

'이노베이션 딜레마'는 대기업을 능가하려고 하는 스타트업에게도 중요한 힌트가 된다.

스타트업은 합리적인 판단을 필요로 하는 대기업이 진입할 수 없는 영역에 진출함으로써 그들과의 경쟁을 피할 수 있다. 특히 급격한 변화가 잦은 시장에 발을 들여놓는 것은 큰 위험성을 감수해야 한다. 게다가 조직이 커질수록 결정을 내리기까지 시간을 낭비할 수 있다. 대기업이 일련의 문제를 해결하는 데 지체하는 동안 시장을 독점해 버린다면, 스타트업에게도 충분히 승산은 있다. 따라서 불합리해 보이는 아이디어를 활용해 작은 시장을 선점하는 것은 스타트업에게 더할 나위 없이 좋은 전략이다.

작은 시장을 노려라

이노베이션 딜레마가 우리에게 가르쳐 준 또 하나의 교훈은 큰 시장이 아닌 작은 시장을 목표로 했을 때의 장점이다. 이것 또한 스타트업에게 중요한 힌트가 된다.

비즈니스 스쿨에서는 일반적으로 큰 시장을 노리라고 가르친다. 큰 시장에서 몇 퍼센트만 차지하면 그것만으로도 엄청난 매출을 올릴 수 있기 때문이다.

그러나 스타트업이 목표로 해야 할 시장은 '지금은 아직 작지만 급성장하는 시장'이다. 왜 작은 시장을 노려야 할까? 그 이유는 5가지로 설명할 수 있다.

첫 번째, 처음부터 큰 시장에 있는 고객에게 다가가려면 그에 상응하는 마케팅 비용이 필요하다. 스타트업에 있어 높은 마케팅 비용은 아킬레스건과 같다. 요행히 고객의 관심을 끄는 데 성공했다고 하더라도 어느 쪽이 고객에게 직접 영향을 끼치는 채널인지 판단하기 어렵다.

두 번째, 본래 스타트업이 만드는 앞선 제품을 선보일 초기 고객은 극소수에 불과하다. 때문에 스타트업은 그런 사람들이 모여 있는 작은 시장을 집중 공략해야만 한다.

세 번째, 큰 시장으로 확대될수록 경쟁이 심해지고 차별화가 어려워진다. 당연히 이익률은 급격히 떨어진다. 특히 가격 경쟁이 벌어지는 영역에서 체력이 제대로 갖추어지지 못한 스타트업이 생존할 가능성은 거의 희박하다.

네 번째, '이노베이션 딜레마'에서도 이야기했지만 작은 시장일수록 대기업이 참여하기 어렵다. 작은 시장에 참여하려는 대기업이 주저하는 사이에 스타트업이 먼저 시장을 독점할 수 있다.

다섯 번째, 작은 시장이라면 빠른 시일 내에 독점하는 일이 가능하다. 처음부터 큰 시장을 노리면 독점하기까지 많은 시간이 소요된다. 그럴 바에야 우선 작은 시장을 독점하고, 이후에 이익을 늘려 가면서 다음 시장을 목표로 삼는 것이 경쟁에 휘말리지 않는 방법이다.

실제로 어떤 시장을 고를지 그 선택지가 스타트업의 존폐 자체를 결정한다. 예전부터 스타트업 투자에 적극적인 아이언스톤 그룹(Ironstone Group)은 스타트업 성공 요인의 약 80퍼센트가 시장 선택에 달려 있다고 분석하기도 했다.

급성장할 시장을 노려라

그러나 작은 틈새시장을 노리는 것만으로는 급성장할 수 없다. 스타트업은 어디까지나 급성장을 목표로 하지 않으면 안 된다. 따라서 지금은 규모가 작지만 급성장할 시장을 노릴 필요가 있다.

예를 들어 1995년 아마존의 창업자 제프 베조스(Jeffrey Bezos)가 노렸던 것은 상업적 이용이 가능해져 점차 확대되고 있던 인터넷 시장이었다. 당시 인터넷 유저는 전 세계에 불과 수백만 명 정도에 불과했었으며, 게다가 유저의 대부분은 과학자나 대학생들이었다. 인터넷은 그들만이 사용할 수 있는 제한된 공간이었다.

따라서 그런 인터넷을 통해 지금처럼 엄청난 숫자의 사람들, 게다가 일반인들이 쇼핑을 즐길 것이라고 예측한 사람은 극히 일부분에 지나지 않았다.

이후 윈도우 95가 출시되어 개인용 컴퓨터가 일반 가정과 기업에 보급되면서 인터넷은 눈 깜짝 할 사이에 전 세계로 뻗어 나갔다. 현시점에서 생각해 보면 인터넷의 유행이 당연한 것처럼 여겨진다. 하지만 아마존이 창업할 당시만 해도 '인터넷이 세계 곳곳에 보급될 것'이라는 베조스의 신념은 '찬성하는 사람이 거의 없는 중대한 진실'이었다.

2000년대 후반, 스마트폰이라는 새로운 플랫폼이 급속도로 보급되었다. 지금이야 스마트폰 사용자가 늘어나는 것이 당연해 보이지만, 2007년 아이폰이 출시되었을 때는 아직 앱 스토어조차 생기기 전이었다. 대부분의 사람들이 스마트폰이 세계 시장에서 팔릴지 의문을 가졌다. 앱 스토어가 개방된 후 발 빠르게 애플리케이션을 만들어 낸 일부 회사는 스마트폰 시장의 확대와 더불어 규모를 키울 수 있었다. 다른 애플리케이션 개발자나 스타트업, 게임 제작사 등도 이때 급격하게 성장했다.

지금은 거대 기업이 된 회사도 설립 초기에는 작은 시장에서 비즈니스를 시작했다. 따라서 '지금은 작지만 단기간에 급성장하게 될 시장을 내다보고 도전한다'는 스타트업의 판단은 불합리해 보이지만 사실은 합리적인 것이다.

단, 작은 시장이 모두 급속하게 성장할 거란 보장은 없다. 현시점에서 급격하게 몸집이 커지고 있는 시장이나 앞으로 커질 것이 예상되는 시장이라도 계속 성장할지는 장담할 수 없다. 어느 시점에서 갑자기 허를 찔리게 될 가능성도 있다.

그렇다면 시장의 성장 가능성은 어떻게 판단해야 할까?

이 질문에 대한 명확한 해답은 아직 없다. 지금까지 수천, 수만 개의 스타트업을 지켜본 폴 그레이엄조차 "미래는 예기치 못한 곳에서 다가오기 때문에 그것을 예측한다는 자체가 불가능하며, 나 역시 예측하지 않고 있다"는 명언을 남겼다.

하지만 그와 동시에 폴 그레이엄은 미래를 예상하려면 아이디어보다 사람에 집중하고, 새로운 아이디어를 가진 사람들과 교류하라고 권한다. 아이디어와 마찬가지로 시장의 성장 여부도 '깨달을' 필요가 있다.

예를 들어 유튜브에 투자하기로 결정한 어느 벤처 투자자는 전혀 상관없는 스타트업 담당자를 만나러 갔을 때 그곳 직원들이 모두 유튜브를 보고 있는 것을 보고 회사의 가치를 직감했다. 그는 당시를 회상하면서 "투자에 대한 고민은 전혀 없었다"고 털어놓았다.

오랫동안 독점하라

작은 시장을 독점한 후 필요한 것은 그 독점 상태를

장기간 유지하는 일이다. 특히 급속도로 성장한 시장일수록 성장과 함께 큰 공백 지대가 형성되므로, 경쟁자가 진입하기 쉬워진다.

피터 틸은 장기적인 독점 상태를 만들어 내는 조건으로 다음 4가지 요소를 꼽았다.

1. 전매적(proprietary) 기술
2. 네트워크 효과
3. 규모의 경제
4. 브랜드

'전매적 기술'이란 지적소유권을 갖는 등의 기술적인 우위성을 말하는데, 한마디로 모방하기 어려운 기술을 의미한다. '네트워크 효과'는 사용자가 늘어날수록 편리성이나 가치가 점점 더 높아지는 성질을 가리킨다. '규모의 경제'를 활성화시킨다면 생산량이 늘어나면서 단가도 낮아지고, 수익률은 높아진다. '브랜드'는 기업이나 제품 고유의 이미지이다.

피터 틸은 독점을 위한 추가 요소로 '분배(distribution)'와 '정부', '복잡한 구조와 조정'의 3가지를 더 꼽았다. '분배'에 관해서는 Chapter 3에서 자세하게 다루게 될 것이고, '정부'는 규제나 자격에 관한 문제를 의미한다. 마지막 요소인 '복잡한 구조와 조정'은 기존의 제품이나 서비스를 특수한 방법으로 가공하여 새로운 가치를 창출해 내는 것을 말한다. 피터 틸은 이것이 현재 실리콘밸리에서 과소평가된 요소라고 말한다.

예를 들어 초기 스마트폰에 탑재되었던 기술 중에서 눈에 띠게 두드러지는 것은 별로 없었다. 반대로 말하자면, 스마트폰은 적절하게 기존의 상품이나 서비스를 복잡하게 구성하고 조정하여 새로운 가치를 창출해 낸 예라고 할 수 있다. 테슬라 모터스나 스페이스 엑스 역시 이와 비슷한 성격을 가진 회사라고 피터 틸은 말한다.

장기적인 독점에 필요한 요소를 의식하고 조합시키면서 우선 작은 시장을 단기간에 독점해 나갈 필요가 있다. 그 독점을 위해 자금이 소요된다면 벤처캐피털로부터 자본 규모를 승인받아 조달해야만 한다.

스타트업의 기업 가치는 몇 년 후, 최장 10년 정도 이후에 생겨날 이익을 계산해 산정되는 경우가 대부분이다. 때문에 장기적인 가치를 만들고 구성하여 독점을 지속시키는 구조는 매우 중요하다.

서서히
넓혀 가라

급성장하는 시장을 계속 독점하는 것만으로는 충분하지 않다. 이후 어떻게 독점을 확대시켜 나갈지 생각해야 한다.

2004년에 서비스를 시작한 페이스북의 경우, 처음 하버드대학 학생이라는 작은 시장을 독점하는 것에서부터 시작했다. 이후의 확산 속도는 경이로울 정도였다. 서비스 공개 후 10일 만에 하버드대 재학생 60퍼센트 이상이 페이스북에 등록했다. 그 후 미국 아이비리그라 불리는 명문 대학, 미국 대학생 전체, 그리고 2006년에는 드디어 전 세계 사람들이 페이스북을 사용하기에 이르렀다.

처음 그들은 대학생이라는 시장을 목표로 삼았고, 그 작은 시장에 속한 고객에게 깊이 사랑받는 제품을 만들어 시장을 독점했던 것이 이후 기업 성장의 토대가 되었다.

전기자동차나 자동운전 기능의 선두주자라 불리는 테슬라 모터스 역시 설립 초기부터 현재 진행 중인 모든 비즈니스를 시작했던 것은 아니다. 처음엔 기존 자동차를 개조하는 일부터 시작했다. 테슬라는 불과 수천 대의 고가 모델밖에 판매하지 않았다. '환경 보호를 고려한 전기자동차에 타고 싶다'는 생각을 가진 유저만을 목표로, 프리미엄이 포함된 가격으로 초기 모델을 판매했던 것이다.

그러다 서서히 가격대를 낮추어 이제는 일반인도 살 수 있을 정도의 가격대로 제품을 출시하고 있다. 이것 역시 시장 확대 전략의 일종이다.

아마존도 처음에는 '책'이라는 장기간 보관해도 문제없는 상품부터 시작하여 도서 시장에서 독점적인 위치를 획득했다. 인터넷 비즈니스나 배송에 관한 지식을 어느 정도 축적한 뒤 CD나 생활용품, 의류, 소품 등으로 취급 상품을 확대시켜 시장을 넓혀 나갔다.

이 과정에서 얻어진 서버 운용 노하우는 아마존 웹 서비스(Amazon Web Service)라는 형태로 새로운 비즈니스에 활용되었다. 더불어 창고 관리 효율화를 위해 로봇 관련 스타트업을 매수하여 현재 독자적인 물류 창고와 운송 망을 구축하고 있다. 또한 회원으로부터 연회비를 받는 대신 다양한 특전을 주는 아마존 프라임(Amazon Prime)과 같은 서비스를 늘림으로써 보다 다양한 인터넷 비즈니스 체제를 갖추게 되었다.

<u>아무리 큰 야망을 갖고 있다고 하더라도 일정한 순서에 따라 시장을 개척해야 한다.</u> 각각의 시장에서 독점을 성공시키는 것은 높은 이익률을 유지하면서 급성장하기 위한 효과적인 수단이 된다.

이때 주의할 점은 하나씩 단계적으로 독점해 나가야 한다는 것이다.

마이클 포터는 대부분의 기업이 시장을 80퍼센트까지 점유할 수 있으면서도 50퍼센트에 만족하는 경향이 있다고 지적했다. 그러나 우선 작은 시장을 재빨리 독점하는 데 성공하지 못한다면 장기간에 걸쳐 독점을 지속시킬 수 없다. 독점에 실패하는 순간, 경쟁 상대에게 모든 지위를 빼앗기고 말 것이다.

경쟁하면
패잔병이 될 뿐이다

지금까지 독점의 중요성, 그리고 독점의 방법에 관해 설명했다. 이번에는 '경쟁은 가능한 피해야만 한다'고 주장하는 사람들의 다양한 의견을 소개하기로 한다.

사람은 본래 경쟁을 좋아한다. 어쩌면 태어날 때부터 학교 시험이나 입시 경쟁, 대기업 입사를 위한 경쟁 등 경쟁 자체를 당연하게 받아들이는 가치관을 갖고 있는지도 모른다. 또는 명쾌한 법칙 속에 주어지는 레일 위를 '얼마나 빠르고 정확하게 달릴 것인지' 생각하는 것이 더 편하기 때문일 수도 있다.

하지만 스타트업이나 비즈니스 세계에서는 평가 기준이나 게임의 규칙이 수시로 변한다. 급변하는 규칙에 과감하게 도전하는 일이 스타트업이라고도 말할 수 있다.

사람은 '경쟁하지 않고 독자적인 위치를 구축하는 것'이라는 본래 목적을 가끔 잊어버리는 경향이 있다. 마이클 포터도 경쟁의 본질은 경쟁 상대를 무너뜨리는 데 있지 않다고 강조한다.

피터 틸은 이러한 상황을 가리켜 "경쟁은 패잔병을 위한 것", "경쟁은 이데올로기다"라고 잘라 말한다.

어떤 측면에서 볼 때 이데올로기는 감추어진 세계관이며, 편협한 사고방식 또는 선입견의 일종이다. 그리고 피터 틸에게는 경쟁 자체가 이데올로기라는 사실을 깨닫는 것이 중요했다. 그는 스타트업이나 그 밖의 일부 영역에 있어 "패잔병이란 경쟁에서 진 사람이 아니라 경쟁에 참여하고 있는 사람을 의미한다"고 지적했다.

단, 경쟁을 피하기 위해 틈새시장만을 파고들어서는 안 된다. 일본에서 모잠비크 요리점을 오픈하면 경쟁자는 확실히 존재하지 않을 것이다. 그러나 수요가 지나치게 한정되어 있어 시장이 성장하지도 못한다. 스타트업이라면 현재 작지만 성장세가 뚜렷한 시장을 우선적으로 독점해야만 한다.

First Mover에 치중하기보다는
Last Mover로 장기적인 독점을 노려라

시장 독점에 있어 주의해야 할 부분은 독점에 성공했다고 해도 선행자(First Mover)의 이미지가 지나치게 강조되어서는 안 된다는 점이다.

스타트업을 시작한 사람들은 대개 시장 선점을 중시해 아직 경쟁이 적은 새로운 시장을 만드는 데 의욕을 보인다. 그리고 시장 선점에 따른 이익(First Mover Advantage)이 언제까지나 보장되리라 믿는다.

그러나 선행자가 항상 이익을 얻는 것은 아니다. 본래 최초 시장 진입은 수단에 불과할 뿐 목적이 될 수 없다.

독점할 때 경쟁 업체가 적다는 점은 독점에 도움이 되지만 처음 시장 진입에 성공한 뒤에 개척한 시장을 후발 주자에게 넘기는(Free-ride) 경우가 적지 않다. 현실적으로도 크게 성장한 스타트업이 가장 먼저 시장을 선점한 선행자일 확률은 그리 높지 않다.

지금까지 여러 번 예로 들었던 페이스북은 10번째로 등장한 SNS였다. 게다가 돈 한 푼 없는 대학생을 대상으로 한 틈새 서비스로 시작했다. 구글은 13번째로 창업한 검색 엔진이며, 서비스를 개시할 당시에는 단순 검색 기능만으로 출발했다. 현재 당연시되는 포털 사이트 기능이 없었던 것이다.

물론 그들이 새로운 시장과 가치를 창출해 냈다는 것 자체를 부정할 수는 없다. 세상에 새로운 가치를 만들어 내는 역할은 매우 중요하기 때문이다.

보다 더 중요한 포인트는 기업으로서 오랫동안 명맥을 유지하기 위해 새로운 가치뿐만 아니라 그 가치를 크게 성장시켜 오랜 기간 독점을 지속시키는 것이다.

따라서 선점에 따른 이익 획득보다 장기간 독점 상태를 유지하기 위해 노력해야 한다.

피터 틸은 선행자가 되는 데 지나치게 연연하는 기업가들에게 경고하는 의미로, 자신의 저서 《제로 투 원》에서 "후발 주자의 이익(Last Mover Advantage)"이라는 단어를 사용하고 있다. 즉, 절호의 타이밍을 놓치지 말고 시장에서 사업을 전개하여 오랜 기간 독점할 수 있도록 하라는 것이다.

가치의 크기와 가치의 비율은
각각 독립해 있다

이와 관련하여 또 한 가지 염두에 두어야 할 사실이

있다. 그것은 세상에는 '새로운 가치를 창출하는 것'과 '그 가치를 어떤 비율로 획득할지'는 각각 독립되어 있다는 것이다.

어떤 사람이 커다란 가치를 만들어 냈다고 해도 그 안에서 극히 낮은 비율로 시장을 독점하는 경우가 있을 수 있다. 반면, 작은 가치로 높은 비율의 독점력을 갖는 경우도 있다.

예를 들어 많은 과학자들은 스스로 발명을 하여 새로운 가치를 세상에 내놓는다. 그런데 새로운 가치를 창출한다 해서 반드시 충분한 경제적 보상을 받는 것은 아니다.

동력비행기를 발명한 라이트 형제는 새로운 가치를 만들어 냈지만 큰돈을 만지지는 못했다. 증기기관 역시 놀라운 혁신이었지만 경쟁이 심해지면서 관련 기업이 줄줄이 도산했다.

사람은 새로운 가치를 만들면 자동적으로 부를 얻을 수 있을 거라는 착각에 빠지는 경향이 있다. 그러나 새로운 가치 창조와 기업이나 개인에게 돌아가는 이익은 별개다.

따라서 가치를 새롭게 만들어 냈다면 그 가치를 통해 얻는 가치나 독점할 수 있는 비율에 대해 의식해야 한다. 그러지 않고서는 장기적으로 큰 수익을 내는 사업을 하긴 힘들다.

독자적인 '가치'와
독자적인 '방식'

독점적으로 이익을 확보하기 위해서는 고객으로 하여금 다른 무엇으로도 대체 불가능하다는 인식, 즉 '독자적인 가치'를 느끼게 할 필요가 있다.

하지만 단순히 독자적인 가치를 만들어 내는 것에 그쳐서는 안 된다. '독자적인 가치'를 '독자적인 방식'으로 만든다는 두 가지 조건을 동시에 충족시켜야만 한다.

본래 이러한 두 가지 조건은 경쟁 우위를 지키기 위한 대전제가 된다. 그럼에도 불구하고 사람들은 '독자적인 방식'에 대해서는 의식하지 않는 경향이 있다.

예를 들어 최근 로봇을 활용한 피자 배달 서비스가 화제로 떠올랐던 적이 있었다. 업체에서는 배달 과정에서 로봇이 피자를 구워 도착했을 때 따끈따끈한 피자를 고객에게 제공되도록 하고 있다. 이러한 서비스를 통해 '금방 만들어진 피자'라는 독자적인 가치를 제공하는 동시에, 그 가치를 '로봇 활용'이라는 독자적인 방식으로 실현하고 있는 것이다.

앞으로 피자 업체가 해결해야 할 과제는 가게에서 피자를 만든 후 고객에게 배달하는 기존의 피자 가게와 로봇을 활용한 서비스를 비교하여 후자에 더 많은 비용을 지불하는 '독자적인 가치'를 고객이 원하는지 파악하는 일이다. 그리고 로봇을 활용함으로써 중장기적으로 가격을 낮추는 '독자적인 가치 창출 방식'이 가능할지 여부도 타진해 보아야 한다.

물론 아직 검증되지 않은 조건도 많다. 그러나 오히려 이러한 조건을 충족시킨다면 업체만의 독자성을 갖춘 뛰어난 전략을 구사할 수 있을 것이다.

'독자적인 가치'와 '독자적인 방식'이라는 의미에서, 트랜스퍼 와이즈(Transfer Wise)라는 국제 송금 관련 스타트업의 예를 살펴보자.

일반적으로, 해외로 송금할 때는 송금 수수료와 환율에 대한 수수료, 여기에 받는 사람의 은행 수수료가 들어간다. 그러나 트랜스퍼 와이즈는 국제 송금 수수료를 송금 총액의 몇 퍼센트, 다시 말해 기존에 비해 10분의 1에 가까운 금액으로 낮추었다.

이 업체는 기존 방식과 전혀 다른 방식으로 국제 송금을 실현한다. 구체적인 방법을 살펴보면 이들이 하는 것만 사실상 국제 송금이 아니다. 송금을 희망하는 사람들을 각각 국내에서 매칭 시킴으로써 수수료 문제를 해결한 것이다.

송금 희망자 매칭이나 신용 담보 부분은 고도의 알고리즘을 사용하여 유저가 희망하는 통화로 입금받을 수 있다. 이와 같은 과정이 국내에서 진행되기 때문에 수수료가 아예 불필요해지거나 매우 저렴한 수수료로 국제 송금이 가능했다. 트렌스퍼 와이즈는 기존 은행보다 압도적으로 싼 송금 수수료를 매칭과 고도의 알고리즘이라는 '독자적인 방식'으로 시장에서 우위를 점하고 있다.

지금까지 스타트업의 대상인 소프트웨어 비즈니스에서는 주로 '독자적인 가치'에 동참할 인재를 조달하는 것이 경쟁 우위를 차지하는 원천이 되었다.

그러나 앞으로는 스타트업의 대상이 기존의 영역을 넘어 점차 확대되어 감에 따라 '독자적인 가치'뿐만 아니라 그 가치를 '독자적인 방식'으로 만들어 가는 과정에 보다 더 많은 무게를 두어야 한다.

무엇을 하지 않을지 정하라

전략론의 대가 마이클 포터는 "전략의 본질은 무엇을 하지 않을지 선택하는 것"이라고 했다.

이는 모든 기업에 해당되는 말이지만, 특히 자원이 턱 없이 부족한 스타트업에게는 필수 불가결한 얘기다.

경쟁 우위성을 확보하기 위해서는 전략상 '우리는 무엇을 하고, 무엇을 하지 않을 것인가'에 대한 선택과 집중이 필요하다. 그러기 위해서는 김찬위와 르네 마보안(Renee Mauborgne)이 쓴 《블루오션 전략(Blue Ocean Strategy)》에서 제창한 '전략 캔버스'나 프랜시스 프레이(Frances Frei)와 앤 모리스(Anne Moriss)가 쓴 《하버드 비즈니스 스쿨이 가르쳐 주는 고객 서비스 전략(Uncommon Service)》에 등장했던 '속성(屬性) 맵'과 같은 전략을 사용함으로써 선택과 집중을 가시화시키는 일부터 시작해야 한다.

예를 들어 커머스 뱅코프(Commerce Bancorp)라는 캐나다 은행은 취급 상품의 종류를 당좌예금으로만 한정시킨 뒤 지역 최저 수준의 금리를 설정했다.

이처럼 일부 서비스의 수준을 낮추는 대신 영업시간을 길게 늘려 편리함을 배가 시키거나 친근하게 고객을 응대하는 종업원을 배치하는 등 기존 은행에서 제공하지 못했던 서비스에 주력했다. 그 결과, 다른 은행 서비스에 불만을 가진 사람들을 독점적으로 유치할 수 있었다.

더욱이 서비스 수준에도 선택과 집중을 적용시켜 '독자적인 방식'을 추구했다.

예를 들면 일반 은행에서는 다양한 업무가 발생한다. 때문에 세심한 업무 처리에 대응할 필요가 있다. 그러나 커머스 뱅코프는 취급 상품에 제한을 두어 원활하게 업무를 처리할 수 있도록 했다. 기존 은행에서 필요로 했던 '복잡한 업무를 능숙하게 처리하는 능력과 상식적인 접객 태도'를 가진 고액 연봉자가 아니라 친근한 접객 태도를 중시하는 방향으로 채용을 진행함으로써 인건비를 줄이는 데도 성공했다.

일본에서도 'QB하우스'처럼 머리를 감거나 헤어 관련 상품 판매 없이 저렴하고 빠르게 커트를 할 수 있는 전문점이 독자적인 위치를 구축하면서 고객을 독점하고 있다. 그들은 이러한 비즈니스를 동남아시아에서도 전개하기 시작했다.

전략에는 선택과 집중이 필수다. 스타트업에게 있어서는 기존의 경쟁사가 손대지 못했던 새로운 영역을 발견하고 그것을 특화시켜 만든 자원을 배분하는 것이 한 가지 전략이다.

표1 커머스 뱅코프는 무엇을 하고, 무엇을 하지 않는가

	기존 은행	커머스 뱅코프
고객층	모든 고객	기존 은행 서비스에 불만을 가진 사람들
영업시간	월요일~금요일 10:00~16:00	월요일~금요일 07:30~20:00
직원	업무 처리 능력은 높으나 소통 능력은 중간 정도	친근한 고객 응대 능력을 가졌으나 업무 처리 능력은 중간 정도
예금금리	보통	지역 최저
취급상품	가능한 많이	당좌예금

표 2 QB하우스는 무엇을 하고, 무엇을 하지 않는가

	기존 헤어숍	QB하우스
고객층	모든 고객	빨리 머리를 자르고 싶어 하는 사람
커트 소요 시간	1시간 전후	10분
장소	접근이 어려운 장소에 퍼져 있음	역 주변이나 사무실 밀집 지역처럼 접근이 용이한 장소
상품 종류	보통	1000엔 내외
머리 감기 등	샴푸, 면도	하지 않음(털어 내는 정도)

'최고'를 지향하지 마라

마이클 포터는 자사(自社)의 전략을 세우면서 가장 저지르기 쉬운 오류는 "최고를 목표로 경쟁하는 것"이라고 지적했다. 다른 회사와 동일한 가치 아래, 같은 방식으로 과제를 수행하다 보면 당연히 최고를 지향할 수밖에 없고 결과적으로 가격 경쟁이나 과당경쟁으로 내몰리게 된다는 것이다.

물론 실행 과정에서 경쟁사를 추월해 우위를 얻는 것은 중요하다. 뛰어나지만 실행이 뒷받침되지 않는 전략은 '그림의 떡'이기 때문이다. 그러나 실행 능력이나 진행 과정은 항상 모방의 대상이 된다. 특히 효과를 거둔 것일수록 얼마 지나지 않아 그대로

흉내 내는 기업이 생기기 마련이다.

　최고를 지향하는 경쟁 체제에서는 가격경쟁이나 장시간 근무가 필연적이고, 이익은 점차 감소한다. 모방한 기업 역시 과중한 노동에 시달리기는 마찬가지다. '값싼 노동력을 대거 투입하면 경쟁에서 이길 수 있다'는 것을 전략인양 착각하는 경영자가 초래하는 비극적 결말인 셈이다.

　일부 스타트업, 특히 기술을 사용하지 않는 스타트업에서는 이러한 '최고를 지향한 경쟁'에 더 쉽게 몰두하는 경향이 있다. 그리고 대부분의 경우 좋지 않은 결과를 초래한다.

　예를 들어 외식업계에서 '싸고, 빠르고, 맛있게'라는 가치를 제공하고자 할 경우, 가능한 값싼 노동력을 확보하고 그들을 혹사시켜 빠르게 처리하는 식의 형태를 벗어날 수 없다. 만일 그러한 업태(業態)를 지양하면서 '싸고, 빠르고, 맛있는' 음식을 서비스하기 위해선 나름의 독자성을 갖추어야 한다.

　자원이 적은 스타트업일수록 최고를 목표로 한 경쟁에 휩쓸리지 않는 것이 중요하다. 그와 동시에, 경쟁을 피해 독점할 방법에 대해 연구해야만 한다.

전략은 매출로부터 만들어진다

지금까지 계획적이면서도 이상적인 전략에 대해 이야기했다.

그러나 안타깝게도, 사업은 계획대로 진행되지 않는다. 특히 스타트업의 전략은 대개 매출을 통해 탄생한다.

예를 들어 '내가 고른 가구를 직접 조립한다'는 이케아(IKEA)의 독자적인 비즈니스모델은 설립 초기에 고객이 구입한 가구를 자동차에 싣고 갈 수 있도록 종업원이 테이블 다리를 분리하던 것에서 착안한 것이다.

이 아이디어는 이케아가 창업한 지 몇 년이 지난 후에 실현되었는데, 이것이 계기가 되어 '가구를 분해하여 박스째 판매하면 고객이 직접 가져가는' 식의 독자적인 전략으로 이어졌다. 이케아의 판매 방식은 점포의 공간 절약과 물류비용을 대폭 감소시켰고, 그들의 전략은 모방하기 어려운 독자적인 방식으로 진화해 가고 있다.

에어비앤비가 초기에 '빈 방 대여'에서 '집 전체를 빌리는 민박 사업'으로 사업의 핵심을 옮기게 된 것은 이 회사의 이용자였던 드러머 러스 맥키넌(Russ McKinnon)이 회사 직원에게 장기 공연으로 오랜 시간 집을 비워야 할 때 '내가 없는 동안 누군가에게 집을 빌려주고 싶다'고 문의한 것이 계기가 되었다.

그 밖에도 MBA 수업에도 등장하는 혼다(HONDA)의 미국 진출 사례도 이와 비슷한 종류의 창의적인 발상이 전략으로 발전한 것이다.

1959년, 혼다는 대형 바이크를 미국 시장에 소개했다가 실패했다. 그 후 혼다 직원이 주말에 기분 전환을 위해 50cc밖에 되지 않는 동력 자전거 '슈퍼커브(Super Curve)'를 타고 외출한 것을 본 미국인들이 '같은 자전거를 사고 싶다'는 반응을 보였고, 이것을 계기로 고객 유치에 성공을 거두었다. 그 결과, 1959년 당시 영국이 49퍼센트를 차지하고 있던 수입 오토바이 시장은 7년 후인 1966년에는 혼다가 63퍼센트를 독점하다시피 하는 상황으로 변했다.

<u>이처럼 고객과의 소통 속에서 전략이 만들어지는 경우가 적지 않다.</u> 특히 비즈니스 환경이 급변하는 불확실성의 시대에 고유 영역을 확보한 스타트업일수록 그러한 경향은 더욱 뚜렷하다.

그렇다고 '전략이 없어도 괜찮다'고는 말할 수 없다. 이상이 없으면 현실과의 조정이 이루어질 수 없듯이 이상적인 계획 수립도 중요하다. 계획을 세운 뒤에는 현실적인 기준에 따라 검증을 거듭하면서 효과적인 전략을 정해야 한다.

가능한 한 고객과의 접점이 되는 제품을 하루라도 빨리 시장에 출시하고, 고객과 활발하게 소통하면서 전략을 설정하는 것이 특히 중요하다.

Chapter 3에서는 그런 제품을 만드는 방법에 대해 다루기로 한다.

Chapter 2 정리

- 스타트업은 '독점'을 목표로 한다.

- '작은 시장'부터 시작하여 '빠른 시일 내에' 시장을 독점하고, 그 상태를 '장기간' 유지하는 구조를 만들 필요가 있다.

- 경쟁에서 지는 것이 아닌, '경쟁 자체'가 패배를 의미한다. 따라서 그 경쟁으로부터 벗어날 방법을 모색할 필요가 있다.

- 전략이란 '하지 않는 것'을 결정하는 일이다. '최고를 목표로 한 경쟁'은 반드시 지양해야 한다.

- 경쟁에서 벗어나기 위해서는 '독자적인 가치'를 창출할 필요가 있다. 그 가치를 다른 회사와 차별화된 '독자적인 방식'으로 어떻게 만들어 낼 것인지 생각해야 한다.

- 전략은 매출로부터 나온다. 모든 일이 계획적으로 이루어지지 않는다는 점을 염두에 둔다. 전략 수립에 속도를 내기 위해서라도, 가능한 빨리 제품을 시장에 내놓도록 한다.

✔ 대기업에서 아이디어를 지키는 구조의 중요성

아이디어 측면에서는 '급성장할 수 있는 좋은 아이디어는 언뜻 하찮게 보일 수 있다'는 사실을 설명했고, 전략적 측면에서는 '작은 시장을 독점하라'는 조건에 대해 다루었다.

만약 이러한 조건 설정이 올바른 것이라면 급성장하는 신규 사업을 원하는 대기업에게는 매우 어려운 판단이 요구된다.

왜냐하면 대기업에서 어떤 일을 할 때 대부분은 승인 과정이 필요하고, 그 과정에 관여한 사람들이 많으면 많을수록 별 볼 일 없어 보이는 아이디어나 작은 시장을 노리는 전략이 인정받지 못할 가능성이 높아지기 때문이다.

애덤 그랜트(Adam Grant)는 저서 《오리지널스: 어떻게 순응하지 않는 사람들이 세상을 움직이는가(Originals: How Non-Conformists Move the World)》에서 "고유한 아이디어는 실제로 다수 존재한다"고 지적했다.

그렇다면 애초에 문제는 기업 내에 고유한 아이디어가 존재하지 않는 게 아니라, 그런 아이디어를 지켜 내는 구조가 없다고 말하는 편이 더 설득력 있다. 사원에게 고유성(Originality)이 부족하다고 해서 강사를 초청해 아이디어 워크숍 등을 개최한다고 해도, 이때 탄생한 아이디어를 현실화시킬 수 있는 구조가 없다면 아무 의미가 없다.

언뜻 하찮게 보이는 아이디어일수록 대기업에서 실행하기는 어렵다. 때문에 대기업들은 '어떻게 아이디어를 지킬 것인가'를 중점으로 고려해야 한다. 무엇보다 '급성장할 만한 아이디어는 처음부터 이해하기 어렵다'는 사실을 기업의 경영자나 관리자가 이해할 필요가 있다.

<토이 스토리(Toy Story)>나 <니모를 찾아서(Finding Nemo)> 등 세계적으로 유명한 애니메이션을 제작한 픽사(Pixar)에서는 초기 아이디어를 '못난이 아기'라고 부른다.

《구글은 어떻게 일하는가(How Google Works)》라는 책에는 "차세대 큰 영향을 끼칠 것은 처음에는 장난감처럼 보인다", "새로운 기술은 개별적이고 구체적인 문제를 해결하는 수단으로 활용하기에는 매우 원시적인 형태로 탄생하는 경우가 많다"고 적혀 있다.

현재 추구하는 사업에 필요한 아이디어가 급성장이 아닌 매일 조금씩 개선하는 데 목적이 있다면 엉뚱한 아이디어는 필요 없을지도 모른다. 다만 급성장할 만한 아이디어는 단계적으로 개선 가능한 아이디어와 비교할 때 초기에 전혀 다른 종류로 비쳐질 수 있다는 점을, 승인하는 입장에 선 사람들이 인식하는 것이 중요하다.

시험적으로 이루어지는 것은 승인 과정 자체를 최대한 없애는 방법도 있다. 구글에는 '20퍼센트 규칙'이 있다. 업무 시간 동안 20퍼센트는 자신이 좋아하는 활동에 할애하도록 하는 제도인데, 이를 통해 탄생한 대표 서비스가 바로 지메일(Gmail)이다.

소프트웨어 회사인 어도비(Adobe)는 '킥 박스(Kickbox)'라는 프로그램을 실시하고 있다. 킥 박스 프로그램의 참가 희망자에게는 첫 워크숍과 1000달러의 자금이 주어진다. 그 자금을 어떻게 쓸지는 본인에게 달려 있으며, 어떤 보고의 의무도 없다. 누구나 참가할 수 있고, 상사의 허락도 필요 없다. 따라서 직원들은 다양한 시행착오를 누군가의 승인 없이 곧바로 시도해 볼 수 있다.

이러한 대처 방식을 적용할 수 있는 사업은 IT 등 원가가 낮은 분야에 한정될지도 모른다. 그러나 조직의 협력을 얻을 수 있다면 의외로 낮은 가격에 여러 가지 시도가 가능해진다.

그렇다면 최초 승인 과정 자체를 없애 버리고, 일정한 단계에 도달했을 때 이후 자금을 추가 투자할지 여부를 결정하면 된다. 이것은 어떤 의미에서는 더욱 합리적인 판단이라고도 할 수 있다.

과거를 돌이켜 보면, 대기업이 시행하는 혁신적인 사업 중 일부는, '스컹크 워크(Skunk works)'라 불리는 자율적 활동이나 비공식적인 연구로부터 탄생한 것이 많다. 일본에서 비공식적인 연구를 통해 시판된 제품 중 가장 대표적인 사례가 VHS 비디오나 액정 TV 같은 것들이다.

예전에 비해 비공식적인 연구가 허용되지 않는 경우도 늘고 있지만, 이러한 구조를 어떤 종류의 교육이나 기술로 정착시키거나 제도화시키는 것 역시 경영의 한 방법이다.

대기업에서 급성장하는 사업을 기획하기 위해서는 평가 시스템을 재고할 필요가 있다. 신규 사업의 대부분은 실패하기 마련이다. '예상 매출 달성'이라는 의미에서는 90퍼센트 이상이 실패한다고도 말할 수 있다. 단, 대기업의 평가 시스템은 그러한 실패에 지나치게 엄격한 경향이 있다. 정해진 일을 누구보다 잘 해내는 것이 지금까지 요구받았던 능력이며, 실패하면 제거된다는 생각 때문이다. 그러나 일정한 작업, 즉 정형화된 작업은 앞으로 점점 기능을 잃을 것이다.

인간은 과거에 아무도 도전하지 않은 새로운 무언가를 만들어 내는 일을 수행하게 될 것이다. 이와 같은 상황에서는 도전과 실패에 대한 새로운 평가 방법이 필요하다.

'별 볼 일 없어 보이지만 실제로 좋은 아이디어'를 내놓는 것은 비교적 간단할 수 있지만, 그것을 실현하기 위해서는 다양한 시스템이 필요하다. 가치는 실행을 통해 얻어지고, 실행 없이 새로운 가치는 탄생하지 않는다. 회사가 의도하지는 않았더라도 실행되기까지 까다로운 과정이 놓여 있는 한, 대기업에서 스타트업 성격을 띤 신규 사업을 벌이기란 어려울 것이다.

바꾸어 말하면, 대기업처럼 풍부한 자원과 뛰어난 인재를 가진 조직이 스타트업과 같은 구조를 만들 수 있다면 보다 과감한 혁신이 이루어질 가능성도 결코 배제할 수 없다.

Chapter 3

제품:
다수의 '호감'보다
소수의 '사랑'을 노려라

대부분의 스타트업은 실패한다.

벤처캐피털로부터 투자 지원을 받은 스타트업이 초기 예상한 투자 대비 효과(Rreturn of Iinvestment)를 달성하지 못한 것을 실패라고 규정한다면 아마도 70퍼센트 이상의 스타트업이 실패했다고 할 수 있다.

실패의 가장 큰 이유는 역시 자금난이다. 그러나 자금난은 어디까지나 겉으로 드러난 증상일 뿐, 근본 원인은 아니다. <u>회사가 망하는 원인은 여유 자금이 있는 동안 고객이 원하는 제품을 만들어 내지 못한 데 있다.</u>

이 말은 고객이 원하는 제품을 생산할 수만 있다면 어떤 어려움도 헤쳐 나갈 수 있다는 의미도 된다. 좋은 제품이 받쳐 준다면 인재 채용과 자금 조달, 프로모션 등이 한결 수월해진다. 따라서 무엇보다 좋은 제품(혹은 서비스)을 만드는 일이 우선이어야 한다.

Chapter 3에서는 지금까지 소개한 아이디어와 전략을 제품에 쏟아 붓기 위한 방법에 대해 설명하고자 한다.

제품이 거쳐 가는 과정

출시 후 제품이 거쳐 가는 과정은 거의 비슷하다. 오랜 시간에 걸쳐 개발한 제품이 출시되면 미디어에서 다루어지거나 사용해 본 고객들의 호응에 힘입어 트위터나 인스타그램, 혹은 유명인을 통해 소개된다. 그러면 제품 판매도 늘어난다. 창업자가 가장 보람과 희열을 맛보는 순간이며, 동시에 회사의 지명도도 올라간다.

그러나 이후 제품의 긍정적인 기세는 순식간에 곤두박질치고, 오랜 기간 동안 '슬픔의 계곡'으로 떨어진다.

그도 그럴 것이 신제품은 하루가 다르게 쏟아지고 있다. 어떤 제품이 뉴스에 나왔다면 바로 그다음 날, 또 다른 제품이 방영된

그림 9 Y콤비네이터: 'The Process'-스타트업이 걷는 길

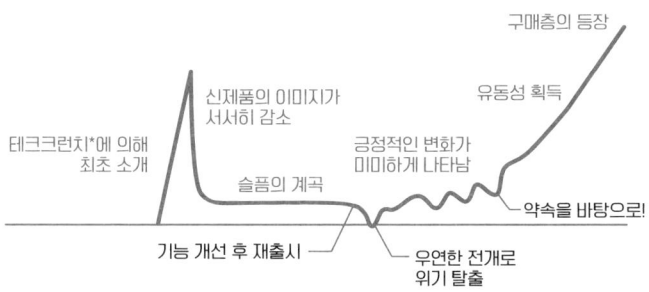

* 테크크런치(TechCrunch):
  기술 산업 뉴스의 온라인 매체_옮긴이 주

다. 뉴스의 홍수 속에서 소비자는 제품에 대해 의식조차 하지 못한 채 새로운 것에 눈을 돌린다.

생각해 보자. 어제 뉴스에 등장한 신제품이 무엇이었는지 기억하고 있는가?

일단 묻혀 버린 뒤에 다시 주목을 끄는 것은 불가능하다. 거의 기적과도 같은 일이다. 대부분의 제품은 아주 오랫동안 '슬픔의 계곡'에 가라앉은 채 그대로 사라진다. 그렇다면 내가 만든 제품을 사라지지 않게 하기 위해서는 어떻게 해야 할까?

갖고 싶어 하는 것을 만들어라

스타트업에게 있어 가장 중요한 것은 '사람들이 갖고 싶어 하는 것을 만드는(Make Something People Want)'일이다. 이 말은 오랫동안 Y콤비네이터의 표어이기도 했다.

'사람들이 갖고 싶어 하는 것을 만든다'는 어쩌면 당연한 말처럼 들린다. 그러나 그것을 표어로 삼지 않으면 안 될 만큼, 스타트업을 시작하는 사람들은 '자신이 만들고자 하는 것'이나 '누군가 갖고 싶어 하리라고 정해져 있는 것'을 만들면서 시간을 낭비하고, 자금난에 빠진다.

폴 그레이엄은 스타트업이 급속하게 성장하기 위해서는 다음 2가지 조건을 충족시킬 필요가 있다고 말한다.

1. 많은 사람들이 갖고 싶어 하는 것을 만든다.
2. 그것을 모든 사람에게 제공할 수 있다.

레스토랑이나 헤어숍과 같은 점포 비즈니스는 두 번째 조건을 만족시키기 어렵기 때문에 급성장하기가 거의 불가능하다. 때문에 스타트업에게는 그다지 권장되지 않는 업종이기도 하다.

반면 소프트웨어 비즈니스의 한계비용은 거의 제로(0)에 가깝고, 다수의 사람들에게 제공할 수 있기 때문에 2가지 조건을 모두 충족시키기에 알맞다.

그러나 '대다수가 갖고 싶어 하는 것'을 만들기 어려운 것은 마찬가지다.

100여 개 이상의 스타트업 실패 사례를 분석한 결과 <u>실패의 가장 큰 원인은 '수요가 없었다'는 것이었다.</u>

스탠퍼드대학의 조사에서도 시장의 요구를 제대로 확인할 수 없는 상태에서 사업 규모를 생각하는 '너무 이른 성장(premature scaling)' 혹은 '성숙 전의 규모 확대'라 불리는 행동이 스타트업을 망하게 한다는 결론이 도출되었다.

이처럼 수많은 스타트업은 수요를 잘못 파악해서 실패한다. 물론 제약 업계의 스타트업은 이야기가 다르다. 생명 연장이나 증상 개선 등이 가능한 제품을 원하는 고객이 이미 존재하고 있기 때문에 과제와 수요가 명확하게 정해져 있다. 따라서 이 분야의 스타트업은 '기술적으로 실현 가능한가', '고객이 어디까지 돈을 지불할 것인가' 등이 가장 큰 위험 요소가 된다.

스타트업이 목표로 하는 시장은 '미래 성장'에 중점을 둔 시장이다. 당연히 수요를 예측하는 것이 불확실할 수밖에 없다. 그러니 창업 초기에는 '사람들이 갖고자 하는 것을 만든다'는 부분에 집중하여 제품을 개발할 필요가 있다.

제품 이외의 것도 제품이다

본격적인 본론으로 들어가기 전에 제품이라는 말에 대해 생각해 보자.

일반적으로, 제품은 구체적인 사물이나 서비스를 의미한다. 그러나 스타트업에서는 그 개념을 조금 더 넓게 생각해야 한다. 예를 들어 Y콤비네이터의 샘 앨트먼은 영업이나 지원, 권리 등을 포함하여 "그 회사와 고객이 연결되어 있는 모든 부분을 제품화시키는 것이다"라고 말한 바 있다. 즉, 보다 넓은 관점에서 제품을 이해해야 한다는 의미다.

이것을 명확하게 하기 위해 앞으로는 스타트업이 실제로 제공하는 것에만 '제품'이라는 단어를 사용하고, 그 밖에 의미를 갖는 것은 '제품 체험'이라는 단어로 분리하여 지칭하도록 한다.

보다 넓은 개념으로 제품 체험을 이해하면 제품 자체로 커버하지 않아도 되는 부분의 설계가 가능해진다. 다시 말해 제품으로 표현할 수 없는 것을 그를 둘러싼 지원이나 권리, 판매 등으로 보

강하여 고객에게 제공함으로써 제품 체험 효과를 높일 수 있다.

이 과정에서 불편하거나 불필요한 요소를 가려 낼 수 있기에 제품을 보다 단순하게 정리해 주는 효과도 있다.

비록 제품의 품질이나 기능이 대기업 제품에 미치지는 못하더라도 영업이나 서비스 지원 등으로 인해 소비자들이 질적으로 높은 제품 체험을 할 수 있게 된다면 충분히 승산이 있다.

제품 체험은 가설의 집합

스타트업은 위험 요소 덩어리다. 스타트업을 일컬어 고객이나 비즈니스모델, 제품 면에서 혼란을 겪고 있는 사업체라고 말하는 사람도 있다.

계획한 비즈니스모델이 제 기능을 할지도 현실에서 고객을 통한 검증을 거치지 않으면 알 수가 없다. 또한 제품의 기능에 있어서도 고객의 요구와 회사에서 제공하려는 해결책이 맞아 떨어지는지, 그 방법이 사용하기 쉬운 형태로 제품에 반영되어 있는지, 제품은 시장에 알맞게 수요를 창출하고 있는지 등 수많은 검증을 통해야만 위험 요소를 줄일 수 있다.

따라서 만들어야 할 제품과 체험 요소를 먼저 '가설'을 이용해 정리하는 일부터 시작해야 한다. 고객의 요구를 '이것'이라고 단정 짓지 않고 가설로 다룬다면 검증에 대한 당위성을 인식하는 동시에 제품 체험에 따른 위험 인자를 파악하기도 쉬워진다.

또한 가설 검증을 반복하면서 시장과 고객의 반응을 감지해야 한다. 그리고 검증과 학습을 통해 제품 체험이나 비즈니스모델로부터 위험 요소를 제거해 나간다. 웹브라우저인 모자이크(Mosaic)를 개발한 마크 안드레센(Marc Andreessen)은 스타트업의 위험 요소를 하나씩 없애는 모습을 양파 껍질 까기에 빗대어 '양파 이론(Onion Theory)'이라 칭하기도 했다.

이때 일련의 위험 요소를 신속하게 제거하는 것이 중요하다. 왜냐하면 시간은 가장 귀중한 자원이기 때문이다.

스타트업은 자금을 조달할 때마다 회사가 약 1.5년간 살아갈 정도의 돈을 확보한다고 한다. 1.5년은 약 78주다. 만약 일주일에 가설 1개밖에 검증하지 못한다면 기껏해야 78개의 가설만을 검증할 수 있다는 뜻이 된다. 겨우 그 정도 시간 안에 제품을 만들면서 비즈니스모델을 찾고, 충분한 고객층을 확보하며 다음 행선지에 도착해야만 하는 것이다. 때문에 스타트업은 이처럼 귀중한 자원인 '시간'을 활용하여 어떻게 위험 요소를 줄일 수 있을지를 염두에 두지 않으면 안 된다.

시간을 효율적으로 활용하는 방법으로는 불필요한 요소를 최소한으로 줄이고 신속하게 궤도를 수정하거나 개량하는 '린 스타트업(lean startup)'이나 고객 개발 등 2000년대 후반에 제창되었던 방법을 고려할 수 있다. 이 책에서 자세하게 다루지는 않겠지만 제품 개발에 있어 위의 방법론은 충분히 참고할 만하다.

제품의 최대 리스크를 찾아내라

제품 체험이 '가설의 집합'이라면, 과연 어떤 가설부터 검증하는 것이 좋을까? 물론 가장 큰 위험 요소부터 검증해야 한다. 아폴로 계획의 달 탐사를 가리키던 '문샷'은 장대하고 도전적인 프로젝트를 총칭하는 말이 되었다. 알파벳[Alphabet(구 구글)]의 산하조직인 '구글 X'에서는 문샷이라는 이름하에 여러 개의 도전적인 프로젝트를 동시에 진행하고 있다.

이 조직에서 탄생한 가장 유명한 프로젝트는 자동운전이지만, 그 밖에도 인터넷을 이용하지 못하는 오지까지 인터넷을 보급하기 위해 열기구를 띄워 무선인터넷을 보급하는 '프로젝트 룬(Project Loon)'을 비롯해 스마트 콘택트렌즈 등 아직 공개되지 않은 프로젝트를 포함해 다수의 문샷 프로젝트가 존재한다.

구글 X 연구소의 책임자인 아스트로 텔러(Astro Teller)는 자신들의 주된 업무가 '프로젝트를 실패하도록 만드는 방법을 찾는 것'이라고 한다. 이 말은 가장 큰 위험 요소를 가진 가설부터 검증해야 한다는 의미이다.

사람은 프로젝트를 중단시키지 않기 위해 작은 위험 요소부터 검증하려는 경향이 있다. 그러나 이왕 실패할 거라면 빨리 결론을 얻고 다음 아이디어로 갈아타는 편이 시간 단축에도 도움이 된다.

또한 제작 기간이 지나치게 오래 소요되면 자연스럽게 애착이 형성된다는 '이케아 효과(IKEA effect)'와 비슷한 집착이 생기기 때문에 제품을 쉽게 포기하지 못하는 결과로 이어지기도 한다.

처음부터 큰 위험 요소나 가설을 검증하고, 차례로 작은 위험 요소를 검증해야 효과적인 검증이 가능하다.

문제는 어떤 위험 요소가 큰 것인지 파악하기 힘들다는 데 있다.

가설을 검증하는 행위 자체는 어느 정도 과학적으로 해결이 가능하지만, 가설을 정하거나 과제를 발견하는 일은 거의 예술에 가깝다. 핵심을 관통하는 가설을 구축하고 위험 요소를 발견하는 과정은 기업가나 제품 담당자의 역량에 달려 있다고 해도 과언이 아니다.

그림 10 효과적인 위험 요소 검증의 흐름

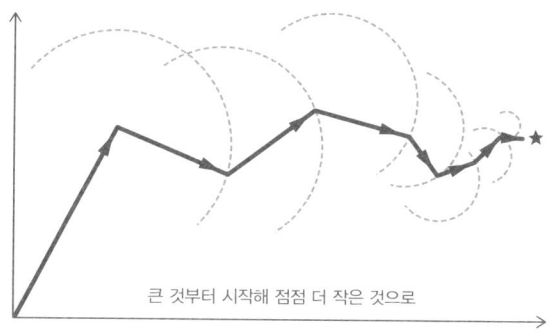

큰 것부터 시작해 점점 더 작은 것으로

단, 여러 차례 강조했다시피 제품이 갖는 가장 큰 위험 요소는 '고객의 수요가 존재하는지' 여부이다. 가설 검증이 어렵게 느껴진다면 이 부분을 다시 확인해야 한다.

고객 자신도 모르는 부분이 있다

고객에게 구매 의사가 있는지 확실하지 않다면 세밀한 시장조사를 실시하고, 고객의 목소리를 반영하여 제품을 만들면 될 거라 생각하는 독자들도 있을지 모르겠다.

문제는 고객 자신조차 갖고 싶은 것이 무엇인지 알 수 없는 경우가 많다는 데 있다.

이것을 테마로 이야기할 때 자주 등장하는 것이 포드(Ford) 자동차의 사례다.

당연한 일이겠으나, 자동차가 등장하기 전에는 고객에게 구매 의사를 확인했을 때 '빠른 말을 원한다'는 대답만 할 뿐 '자동차를 갖고 싶다'는 말은 하지 않았을 것이다.

마찬가지로 아이폰이 나오기 전에 '이런 스마트폰이 갖고 싶다'고 하는 사람은 거의 없었다.

고객의 욕구를 이해하는 것은 매우 어렵다. 또한 고객으로부터 수집한 의견이 제대로 제품에 반영될지도 미지수다. 왜냐하면 고객 스스로가 자신의 욕구를 이해하고 있다고 판단하기 어렵기 때문이다.

애플의 공동창업자 중 한 명인 스티브 잡스(Steve Jobs)는 "무엇을 갖고 싶은지 아는 것은 고객의 역할이 아니다"라고 했다.

제품 개발을 진행하는 과정에서 고객의 의견을 그대로 수용하면 제품의 방향성을 잃거나 엉성한 제품이 만들어지기 쉽다. 이래서는 아무리 기능이 뛰어나도 유저에게 불편하게 느껴지고 결국 대부분의 고객이 만족할 수 없는 제품이 된다.

따라서 제품 체험을 설계할 때는 고객의 의견을 확실하게 듣고,

그들의 기대 이면에 잠재해 있는 욕구까지 파악할 필요가 있다.

이것은 결코 간단하지 않은 과정이다.

고객이 자신에 대해 잘 알고 있다고 보기는 어렵다. 겉으로 드러난 수요 외에 숨겨진 욕구를 알아내기란 쉽지 않다. 그 때문에 신제품 개발에는 항상 어려움이 동반되는 것이다.

다수의 '호감'보다 소수의 '사랑'이 중요하다

스타트업 창업 초기에는 다수로부터 지지를 얻는 제품이 아닌, 소수의 고객이 사랑할 수 있는 제품을 만들어야만 한다. 이것이 스타트업의 역설적 사고법 중 하나다.

일반적인 경우라면 다수가 갖고 싶어 하는 제품을 만들어야 한다고 생각하기 쉽다.

서문에서도 잠깐 소개했듯 실제로 폴 그레이엄도 스타트업에 대해 "대다수가 원하는 물건을 만들 것"이라고 조언한 바 있다. 단, 그레이엄 역시 "창업 초기에는 다수의 고객이 원하는 제품보다는 소수의 고객이 애착을 가질 만한 제품을 만드는 것이 좋다"고 덧붙였다.

이 말은 수많은 스타트업의 부흥과 쇠락을 직접 목격한 그가 내린 스타트업의 법칙 중 하나다.

스타트업 초기에는 많은 고객들이 공감할 만한 제품보다는 적은 숫자라도 열광할 수 있는 제품이 이후 성장 가능성을 높여 준다. 왜냐하면 시작 단계에서는 욕구를 깨달은 고객이 적기 때문이다. '다수의 호감보다 소수의 사랑'이라는 법칙은 "처음에는 작은 시장을 노려야 한다"고 말한 피터 틸의 전략과도 일맥상통한다.

가장 대표적인 사례인 페이스북은 어디까지나 대학생을 대상으로 한 서비스로 탄생했기 때문에 초기에는 각 대학의 수업 일정을 확인할 수 있는 서비스였다. 이러한 장점 때문에 대학생들의 열광적인 지지를 받아 많은 젊은이들이 오랫동안 애용하게 되었던 것이다.

페이팔도 옥션 사이트인 이베이(eBay)의 파워 유저를 대상으로 시작한 서비스다. 여러 번 송금할 필요가 있었던 파워 유저의 편의를 도모하기 위해 송금 절차가 간단한 서비스를 제공한 결과 엄청난 호응을 얻었고, 이는 온라인 결제 시스템 독점이라는 성과로 이어졌다.

고객의 확고한 지지를 얻으면 그들로부터 제품 체험에 대한 확실한 피드백을 받을 수도 있다.

반면, 제품에 호감을 가지는 정도라면 피드백이 미약하거나 아예 아무 의견 없이 제품을 외면한다.

초기 제품 개발에 있어 고객의 피드백만큼 가치 있는 것은 없다. 그것을 손에 넣기 위해서라도 우선은 작은 시장에서 고객에게 열렬하게 사랑받는 제품을 만들어야 한다. 10명 혹은 100명 정도의 소수라도 제품 사용에 확고한 의지를 가진 유저가 생긴 이후에 어떻게 확대해 나갈지 생각해도 결코 늦지 않다. 오히려 그런 사용자가 없는 상태에서 시장을 넓혀 간다면 '너무 이른 성장'의 늪에 빠져 회사 경영 자체가 어려워질 수 있다.

일단은
출시하라

소수의 고객에게 사랑받는 제품을 만들려면 우선 단순한 형태로라도 시장에 '출시'하는 것이 중요하다.

초기 단계에서는 누구나 좋아할 만한 제품을 만들 필요는 없다. 오히려 적은 고객층을 타깃으로 하는 것이 낫다. 고객의 수가 적으면 제품 기능상 다소 부족한 부분이 있더라도 세심하게 체크할 수 있기 때문이다.

따라서 고객에게 특히 호응을 얻었던 중심 기능을 가능한 단순하게 제공할 필요가 있다. 린 스타트업에서는 이것을 '최소 기능 제품(Minimum Viable Product)', 즉 'MVP'로 표현하는데, 하루라도 빨리 MVP를 시장에 출시하여 고객이 사용하게 해야 한다. 이것이야말로 스타트업 성공의 첫걸음이다.

도어대시(Door Dash)의 사례를 살펴보자. 그들은 기존 레스토랑의 식사 주문을 받아 배송을 중개하는 서비스부터 시작했다.

'레스토랑 메뉴 배달'이라는 아이디어를 실행하고자 한다면 맨 처음 어떤 생각이 드는가? 대부분은 우선 회사를 설립하여 레스토랑과 계약을 체결하고, 배송 시스템을 만들고 배달할 사람을 고용하는 등의 과정을 떠올릴 것이다. 그러나 그들은 전혀 다른 방식을 사용했다.

그들은 팔로알토 딜리버리(www.doordash.com)라는 독자적인 도메인을 구축하고, 인터넷상에서 찾아낸 스탠퍼드대학 주변 레스토랑 메뉴를 모아 사이트를 만들었다. 그 메뉴와 함께 자신들의 연락처를 남기는 데 걸리는 시간은 불과 1시간 남짓에 불과했다.

도어대시는 이 사이트를 통해 본격적으로 서비스를 시작하기 전에 어떤 사람들로부터 주문이 올지, 얼마나 많은 양의 주문이 있을지 검증하려고 했다.

그리고 사이트 오픈 당일, 실제로 어디선가 사이트를 검색해 들어와 전화로 팟타이(태국식 볶음 국수)를 주문하는 사람이 나타났다. 그들은 놀란 마음을 추스르고 일단 주문을 받아 태국 요리점에 가서 팟타이를 주문해 그것을 고객의 집까지 직접 배달했다. 다음 날은 주문이 2건, 그다음 날은 5건, 7건…… 이런 식으로 점점 주문이 늘어났다. 이렇듯 도어대시는 주문 중개에 대한 수요를 몇 시간의 개발 기간과 며칠간의 시험 운영을 통해 검증할 수 있었다.

최신 제품을 기사화하는 정보 사이트인 프로덕트 헌트(Product Hunt)는 창업 초기에 '메일 매거진'이라는 형태로 시장에 출시되었다. 그들은 우선 고객들이 메일 매거진에 등록하도록 한 뒤 웹사이트를 만들었다. 본격적으로 웹사이트와 시스템을 구축한 것은 고객의 수요를 완벽하게 이해한 다음이었다.

비슷한 예로 영업 활동 후에 제품을 만들기 시작하는 방법도 있다.

마이크로소프트의 빌 게이츠 역시 하드웨어 회사에 영업을 지시하여 고객의 수요가 발생한 부분을 확인한 뒤 프로그램을 만들었다. 그런 과정을 제대로 수행할 수 있었던 이유는 그가 신속한 프로그래밍이 가능한 엔지니어였기 때문이다. '아직 만들어지지 않은 것을 판매한다'는 것은 누구에게나 가능한 방식은 아니다.

다만, 이 단계에서 성공을 거둔다면 '아무도 원하지 않는 것을 만들 때 소요되는' 시간과 노력을 허비하지 않아도 된다.

비즈니스 특화형 SNS, 링크드인(LinkedIn)의 창업자인 리드 호프먼(Reid Hoffman)은 '초기 버전이 부끄러울 정도가 아니라면 이미 한 발 늦은 것'이라고 말했다.

기술자는 완성도나 품질을 높이기 위해 제품 개발에 오랜 시간을 투자하는 경향이 있다. 하지만 제품 개발은 학교 시험과 다르다. 반드시 100점을 맞아야 할 필요는 없다. 오히려 단계적으로 점수를 올려 가는 방식이 바람직하다.

신속한 출시를 위한 한 가지 방법으로 기존 제품을 개선할 수도 있다. 이미 출시된 경쟁 제품을 주문 제작하여 시제품을 제공하는 것이다. 이러한 방식으로 스타트업에게 가장 부족한 자원과 시간을 절약할 수 있다.

업무를
규정짓지 마라

전문가들은 모든 스타트업에게 빠른 검증을 수행하기 위해서라도 '업무의 경계를 허무는 것'부터 시작하라고 조언한다.

어쩌면 급성장을 목표로 하는 스타트업에게 '업무의 경계를 허물라'고 하는 것이 옳지 않다고 느껴질지 모른다. 그러나 스타트업으로 시작하여 나름의 성과를 얻고 있는 기업 대부분이 '초기에는 업무를 규정짓지 않음으로써 이후 급성장할 수 있었다'고 말했다.

앞서 예로 들었던 도어대시는 창업 후 얼마 동안은 주문 접수와 배달에 창업자가 직접 나섰다. 덕분에 다양한 업무를 속속들이 파악하게 되었고, 시장 규모를 어느 정도로 감안하여 시스템을 구축해야 할지, 어떤 사람을 채용하면 좋을지 이해하게 되었다.

개발자 대상 결제 서비스인 스트라이프는 '베타(β)판을 테스트해도 좋다'고 허락한 유저에게 'PC를 빌려 달라'고 부탁하여 그 자리에서 스트라이프용 코드를 입력한 후 돌려주었다고 한다. 그들은 이렇게 친절한 서비스부터 시작함으로써 '유저가 불편을 겪는 것은 어느 지점인지'를 이해하게 되었고 열광적인 고객 확보에도 성공했다.

하드웨어 설계 회사인 메라키(Meraki)는 설립 초기에 설계뿐만 아니라 라우터[router(LAN과 LAN을 연결하거나 LAN과 WAN을 연결하기 위한 인터넷 네트워킹 장비)] 조립까지 도맡았고, 페블(Pebble)이라는 스마트 워치 회사는 수백 개의 스마트 워치를 공장에 맡기지 않고 직접 손으로 조립하면서 '품질 좋은 나사를 조달하는 것이 얼마나 중요한지' 체감했다. 이후 대량 생산을 시작했을 때 이 점을 적극적으로 반영했다고 한다.

이처럼 섣불리 <u>일에 대한 한계를 규정하지 않으면 창업자는 모든 업무에 있어 전문가가 될 수 있다.</u>

또 하나, 업무를 규정하지 않으면 놀랄 만한 서비스를 제공할 수도 있다. 예를 들면 설문지 서식 등을 제공하는 우푸(Wufoo)는 꽤 오랫동안 고객에게 손 편지를 보내 다수의 고정 고객을 확보했다.

대기업에서는 CEO가 직접 손 편지를 쓸 일은 좀처럼 없을 것이다. 하지만 스타트업이라면 얼마든지 가능하다. 그리고 업무를 스스로 규정짓지 않는 한 초기 스타트업에게 필수불가결한 '소수 고객의 사랑'을 획득할 수 있을 것이다.

성장률에 주목하라

단, 업무의 경계가 뚜렷하지 않은 채 오랫동안 지속되는 것은 문제다. 스타트업은 단기간에 급성장을 목표로 하므로, 업무를 규정짓지 않더라도 주 종목만큼은 확실하게 정해야만 한다. 구체적으로 얘기하면 한정적인 업무를 수행하는 데서

오는 장애 요인, 즉 급격한 업무량 증가[혹은 보틀넥(bottle neck)]를 해결하면서 성장률을 주목할 필요가 있다.

예상했겠지만 이것은 매우 어려운 일이다. 본래 스타트업의 성장을 가로막는 것은 타이밍과 해당 분야의 비즈니스가 무엇인지에 따라 달라진다. 채용이든, 제품이든 혹은 기술적 부담이든 간에 원인은 다양하다.

Y콤비네이터에서는 주간 성장률을 평균 5~7퍼센트, 매우 좋은 성장률을 10퍼센트로 설정해 놓고 있다. 만약 일주일마다 1퍼센트의 성장률을 기록했다면 무엇인가 잘못되었다는 증거이다.

스타트업은 급성장을 노리는 사업체임을 잊어서는 안 된다. 따라서 일주일에 몇 퍼센트 정도라는 성장률은 마치 은행의 복리(複利)처럼 비즈니스를 급성장할 수 있도록 토대를 만들어 준다. Chapter 1에서 등장했던 함수적인 변화와도 흡사하다.

실제 숫자를 예로 들면 한결 이해하기가 쉬울 것이다. 예를 들어 회사가 추구하는 지표가 유저의 숫자로 설정되어 있고, 매주 성장률을 7퍼센트라고 가정해 보자. 현재 100명의 유저를 확보했다면, 다음 주 목표는 107명이 된다. 그다음 주는 114명, 또 그다음 주에는 122명으로 늘어난다. 이 정도까지는 어느 정도 상정할 수 있을 만한 범위다.

그러나 이것이 1년, 즉 52주가 지나면 어떻게 될까? 목표치는 첫째 주의 1000배를 넘기게 된다. 당초 100명이었던 유저가 1년 후에 10만 명 이상으로 불어나는 것이다. 다시 말해 성장률 측면에서 볼 때 스타트업은 지수함수적으로 성장하는 셈이다.

성장률 중심의 사고는 제품이나 회사의 방향성을 나타내는 나침반 역할을 한다. 즉, 앞으로 어떻게 활동할 것인지 판단하는 기준으로 성장률을 활용하는 것이다.

예를 들어 제품에 기능을 추가할지, 누군가를 새로 고용해야 할지, 마케팅에 집중해야 할지, 영업에 무게를 두어야 할지, 또는 업무의 경계 없이 계속 일해야 할지 여부 등, 여러 선택지 가운데 어느 것을 활동의 중심으로 삼을지 판단할 때 '회사가 정한 성장률을 달성할 수 있겠다'고 생각되는 항목으로 결정하면 된다.

성장률을 추구하는 과정에서 새로운 제품 체험 아이디어나 비즈니스모델을 찾게 되는 경우도 적지 않다. 나쁜 아이디어나 나쁜 비즈니스모델을 유지해서는 매주 성장률을 달성하는 것이 불가능하기 때문이다.

성장률 중심의 사고가 갖는 또 하나의 장점은 그 성장이 많은 문제점을 해결해 준다는 데 있다. Y콤비네이터의 샘 앨트먼은 "성장은 모든 문제를 해결한다. 성장 부족은 성장만으로 해결할 수 있다"고 지적했다.

단, 이러한 과정은 어디까지나 고객에게 사랑받는 제품을 만들었을 때 적용 가능하다.

만약 그런 제품을 만들어 내기 전에 광고나 마케팅, PR 등을 통해 성장을 유지하려고 한다면 앞서 말했던 '너무 이른 성장'에 빠져 치명상을 입을 수밖에 없다.

고객에게 지지를 얻은 제품 체험을 구성하는 것은 생각보다 오랜 시간이 소요되는 일이다.

에어비앤비조차 고객에게 호응을 얻은 제품 체험을 찾아내고, 성장을 이루기까지 창업부터 약 1000일의 시간이 걸렸다.

그러므로 우선은 어느 정도 '업무의 한계를 정하지 않는 상태'를 보내는 것이 중요하다. 이 과정에서 고객과의 접점을 찾고 새로운 아이디어를 얻을 수 있을 뿐 아니라 소수의 열광적인 고객층을 유지해 나갈 수 있다.

반대로 처음부터 업무의 경계를 뚜렷하게 정해 놓는 회사는 그렇지 않은 스타트업과의 작은 경쟁에서 틀림없이 패배하고 말 것이다.

참고로, 제품이 만들어지기 전까지는 제품 개발 속도 등을 성장 지표 대신 고려하도록 한다.

계속률과 이탈률로
고객의 사랑을 측정하라

초기 제품 출시에서 중요한 포인트는 계속률과 이탈률이다. 계속률이란 제품을 지속적으로 사용하는 고객의 비율을 말하며, 이탈률은 고객이 떨어져 나가는 비율을 가리킨다. 모두 '어떻게 하면 고객이 제품을 계속 사용하게 할 것인가'라는 관점에서 나온 용어다.

계속률과 이탈률에 주목하는 데는 몇 가지 이유가 있다.

첫 번째, 계속률이 충분하지 않으면 새롭게 유저를 확보했더라도 의미가 없다. 만약 일주일 후 계속률이 50퍼센트에 그치고, 신규로 확보한 고객이 제로(0)라면 기존에 확보한 100명의 유저가 사라지는 데 8주 정도밖에 걸리지 않는다. 어느 정도 신규 고객을 유치한다고 해도 고객들이 계속해서 제품을 사용하지 않으면 그 숫자는 늘어나지 않는다.

두 번째, 신규 고객을 유지하는 것보다 기존 고객을 유지하는 쪽이 비용이 덜 든다. 신규 고객 유치에 소요되는 비용은 기존 고객 유지비용의 5~25배 더 높다는 조사 결과도 있다.

세 번째, 초기에 제품을 사용했던 고객조차 사용하지 않아 이탈률이 높은 제품을 새로운 고객이 선택할 리 없다. 때문에 초기

계속률은 매우 중요하다.

새로운 기능을 추가할 때도 계속률을 중심으로 살펴보아야 한다. 이때 정착도나 행동의 추이를 중심으로 파악하는 코호트 분석(Cohort Analysis)이 언제든 가능하도록 분석 도구(구글 애널리틱스 등)를 활용도록 한다.

특히 사스[SaaS(인터넷 등을 통해 소프트웨어를 제공하고 이용자가 필요로 하는 것을 필요한 시기에 불러내 사용하는 이용 형태)]처럼 기업 대상 제품의 경우는 이탈률을 측정하는 것이 보편적이다.

입소문으로
고객의 사랑을 측정하라

샘 앨트먼은 고객으로부터 지지를 얻고 있는지를 측정하는 또 한 가지 지표로 자연 발생적인 입소문을 꼽는다.

소비자가 아닌 기업 대상 제품, 또는 고도의 기술이 사용된 제품도 사람들에게 관심과 지지를 얻는 제품이라면 자연히 입소문이 나게 된다.

대부분의 기업은 서로 소통하고 있기 때문에 인사 관련 제품이라면 인사 담당자, 고객 지원 제품이라면 고객 지원 담당자 간의 연결고리가 형성되어 있기 마련이다. 특히 미국에서는 기업 간 이직이 빈번하게 이루어지고 있어 이전 직장에서 형성된 입소문이 그대로 확산되는 경향이 있다.

입소문은 대개 장기간에 걸쳐 유지되기에 가장 낮은 비용으로 해결할 수 있는 마케팅 수단으로도 알려져 있다. 입소문이 발생하는 제품을 만든다면 단번에 주목받을 확률도 높다.

단, 입소문은 어디까지나 결과라는 사실을 잊어서는 안 된다. 자연 발생적인 입소문이란 해당 제품이 고객에게 사랑받았을 때 처음으로 나타나는 현상이다. 마케팅의 수단으로 처음부터 입소문을 통해 고객을 유치하려고 해도 계속률 등의 조건이 충분치 않을 경우 고객 수는 급격히 감소하게 된다.

좋은 제품으로 시장이 놀랄 만한 체험을 제공한다면 자연히 계속률이 상승하면서 입소문이 발생한다. 물론 이와 같은 결과는 제품이 아닌 서비스 지원이나 영업을 통해서도 실현할 수 있다.

'매직 모멘트'는 빠를수록 좋다

계속률을 높이기 위해서는 자사의 제품이 주는 가

장 가치 있는 체험, 즉 매직 모멘트를 빠른 시일 내에 고객에게 제공하는 것이 중요하다.

예를 들어 애플리케이션의 경우 작동시킨 뒤 60초 만에 마법과 같은 체험을 할 수 있는지 여부가 계속률을 높이는 가장 효과적인 수단이다. 그러기 위해서는 우선 '매직 모멘트가 어떤 부분에서 발생하는지' 알 필요가 있다.

매직 모멘트는 제품의 독특한 가치 제안이 무엇이며 고객의 요구를 파악하고 있는지 판가름이 나는 순간이다.

페이스북이라면 친한 친구들의 최신 근황을 언제든지 볼 수 있다는 점이 매직 모멘트 중 하나일 것이다. 따라서 페이스북에 등록한 직후 친구들과 곧바로 연결되고, 친구들이 업데이트한 내용을 볼 수 있을 때까지 빠르고 편리하게 진행되도록 방법을 연구해야 한다.

유저가 처음으로 사용하고 정착하는 것을 '유저 온 보딩(User On Boarding)'이라고 하는데, 인터넷상에는 애플리케이션의 유저 온 보딩 방법만을 따로 모아 놓은 사례집도 있다. 그러므로 구체적인 예를 참고하면서 매직 모멘트 제시 방법을 고려해 볼 수 있다.

애플리케이션 이외에도 제품의 가장 큰 가치가 어디에 있는지 항상 염두에 두고 그것을 어떻게 빠르게 고객에게 체험하게 할지 고민해야 한다.

단, 주의해야 할 부분은 '최초의 체험이 가장 좋다'는 것만으로는 지속적인 이용으로 연결되지 않을 수 있다는 점이다. 물론 최초의 체험은 중요하다. 하지만 그것이 모든 것을 상쇄할 수 있다는 착각은 일찌감치 버려야 한다.

계속성을 위한 매직 모멘트가 따로 있는 것이 아니다.

우푸의 창업자 케빈 헤일(Kevin Hale)은 "신규 고객 유치는 데이트와 같고, 지속적인 이용은 결혼과 같다"고 말했다. 이 말은 우선 사랑에 빠지게 만드는 일이 중요하지만 장기적인 이용, 다시 말해 결혼생활을 순탄하게 영위하기 위해서는 계속성을 높일 방법을 생각할 필요가 있다는 의미다. 최초의 체험도, 지속적인 체험도 스타트업에겐 모두 중요한 셈이다.

매트릭스를 추적하라

실리콘밸리에는 "숫자로 나타낼 수 있는 것을 만들라"는 말이 있다. 피터 드러커도 "측정할 수 없다면 관리할 수 없다"는 명언을 남겼다.

이처럼 지침이 되는 숫자가 없으면 회사가 나아갈 방향이 옳은지 판단할 수 없다. 따라서 매일 진척 상황을 나타낼 수 있는 지표, 즉 매트릭스를 설정하고 그것에 따라 작업을 수행해 나갈 필요가 있다.

매트릭스는 팀 내에서 하루 동안 이루어진 판단과 행동의 기준이 된다. 매트릭스가 주어지면 직원들은 모두 그것을 달성하기 위해 의견을 교환하면서 고군분투한다. 반대로, 매트릭스 설정이 잘못될 경우에는 회사의 운영 방향도 빗나가게 된다.

예를 들어 페이지뷰(PV)를 가장 중요한 매트릭스로 정하는 순간, 관계자는 PV를 높이기 위해 다양한 전략을 구상한다. 충실한 콘텐츠를 만들기도 하고 하나의 기사를 여러 페이지로 나누어 올리는 등의 방식으로 유저가 열람한 PV 숫자를 높일 수 있다. 또는 이해하기 어려운 페이지 구성을 시도함으로써 방문자를 혼란에 빠뜨려 PV를 높이는 편법도 생각해 볼 수 있다.

어떤 방법이든지 간에 매트릭스를 설정하면 회사는 그에 따라 행동하기 시작한다.

매트릭스에는 가끔 부작용이 동반되기도 하는데, 1개의 매트릭스에 주력하다 보면 다른 매트릭스가 낮아지거나 좋지 않은 결과가 빚어지기도 한다.

하지만 그런 악영향이 발생하리라 예상했더라도 매트릭스는 설정해야만 한다. 매트릭스의 존재로 인해 행동 기준이 설정되고, 보틀넥이 되기 쉬운 커뮤니케이션 문제를 해결할 수 있다. 더불어 악영향이 예견된 것이라면 그에 대한 대책을 세운 뒤 매트릭스를 설정해도 된다.

매트릭스 설정 방법으로 매트릭스 변화가 나타났을 때 직원의 개인적인 판단으로 행동 가능한 매트릭스를 만들어 놓는 것도 좋은 방법이다. 또한 추적 가능한 매트릭스로 지행지표(遲行指標)보다는 선행지표(先行指標)를 설정하는 편이 낫다. 지행지표란 어떤 행동을 취한 후 어느 정도 시간이 경과한 다음 나타나는 매출 등을 표시한 숫자다. 반면 선행지표는 그보다 먼저 나타난 변화와 그 변화로부터 지행지표 또는 결과를 추출, 예측하여 만든 숫자다.

회사가 행동한 후 곧바로 변하는 선행지표를 매트릭스로 설정하면 행동에 대한 숫자의 반응을 신속하게 체크하고 개선하기도 쉬워진다. 결과가 빨리 나타나고, 그 결과를 보고 행동을 취할 수 있도록 매트릭스를 설정하는 것이 포인트다.

그리고 매트릭스 설정과 동시에 그것을 어느 정도까지 달성하면 성공이라고 말할 수 있을지 기준을 정하고, 만약 기준을 달성하지 못하면 어떤 행동을 해야 할지 대비책을 마련하는 일도 중요하다. 결과의 좋고 나쁨을 결정짓는 기준이 정해지지 않으면 결과가 나온 이후에 그 결과가 좋았는지, 혹은 나빴는지 의논하는 상황이 벌어지면서 팀 활동이 정체될 수 있다. 또한 기준이 정해지지 않는 상황은 무엇을 배우고자 하는지, 무엇을 얻으려고 하는지 정하지 못했다는 의미도 된다.

예를 들어 'Good', 'Better', 'Best'의 순서로 각 주마다 '5퍼센트', '7퍼센트', '10퍼센트'의 액티브 유저 수 증가를 목표로 삼는 식으로 기준을 설정할 수 있다.

또한 앞서 언급했듯 기준을 달성하지 못했을 경우 회사는 어떤 식으로 행동에 변화를 줄지도 미리 상의해 두면 좋다. 그러면 결과를 두고 의논하는 데 시간을 낭비하지 않고 즉시 행동에 나설 수 있다.

이처럼 매트릭스는 회사의 미래를 위한 시나리오 설정에 도움을 준다.

매트릭스는 비전을 따른다

매트릭스 설정은 제품의 비전에 따라 달라진다. 따라서 매트릭스 설정 시 CEO의 역할이 무엇보다 중요하며, 다른 누군가에게 맡길 만한 성질의 것이 아니다.

  예를 들어 메시지 애플리케이션이라면 가장 중요한 매트릭스로 무엇을 설정해야 할까? 하루 동안 주고받은 총 메시지 수 또는 유저가 보낸 메시지 수, 메시지 문자의 수, 유저 간에 메시지에 반응하기까지의 시간 등이 해당될 것이다.

  한편, '액티브 유저'를 판단하는 기준으로 무엇을 설정할지도 관건이다.

  SNS 서비스라면 로그인한 시점으로 정할지, 아니면 사진이나 글을 올리는 시점으로 정할지 다양한 상황을 고려해 볼 수 있다. 더욱 확실한 기준으로 다른 사람으로부터 '좋아요'를 받았거나 기사 태그 등, 특정 기능을 사용하는 유저를 지칭하는 경우도 있다.

  '액티브'라는 한마디도 제품에 따라 서로 다른 정의를 내릴 수 있다. 왜냐하면 제품의 비즈니스모델이나 스타트업이 실현하고자 하는 세계관이 다르기 때문이다.

  메시지 애플리케이션이나 SNS 모두 앞서 예로 든 여러 가지 매트릭스를 설정할 수 있다. 그중에서 어떤 매트릭스를 선정하느냐에 따라 해당 제품의 추가 기능이 결정되고 제품의 전체적인 형태가 만들어진다. 따라서 매트릭스는 제품이 어느 방향으로 나아갈지 비전에 따라 설계되어야 한다.

  유튜브는 시청 횟수를 중요한 매트릭스로 설정한 적이 있는데,

그에 따라 검색 결과를 바꾸었다고 한다. 그러자 짧은 동영상만 검색창에 나타났고, 자연히 재생 횟수도 늘어났다.

하지만 짧은 동영상만 업데이트되고 유저들이 그것을 평가하는 것이 유튜브의 목표는 아니었다. 그 결과, 세계적으로 다양한 영상 콘텐츠를 공유하고자 하는 유튜브의 비전은 제품 담당자들을 움직였고 매트릭스 역시 변경되었다.

한편 미디엄(Medium)이라는 블로그 플랫폼은 '구독한 총 시간'을 매트릭스로 설정했다. 그들이 미디엄이라는 서비스를 통해 실현하려고 했던 비전이 '온라인상에서 질 좋은 글을 오랫동안 읽을 수 있게 하자'였기 때문이다.

그들은 회사가 지향하는 비전을 실현하기 위해서 기본적으로 광고를 배제하고, 글을 업데이트하는 퍼블리셔에게 요금을 부과하는 비즈니스모델을 선택했다.

일반적인 미디어는 총 독서 시간이 아니라 PV를 가장 중요한 매트릭스로 설정한다. 그 이유는 방문자들이 보는 광고가 수입원이고, PV가 많을수록 수익이 높아지는 성질을 갖고 있기 때문이다. 그 결과, PV를 늘리기 위해 앞서 예로 들었던 몇 가지 변칙적인 방법을 동원하거나 도발적인 제목으로 주의를 끌기도 하고, 심한 경우에는 허위 기사 기재, 타 사이트 정보 발췌 등을 감행하기도 한다.

물론 기존의 미디어와 광고를 원천 봉쇄한 미디엄 중 어느 쪽이 더 좋다고 단정할 수는 없다. 어쨌든 기존의 미디어가 장기간 유지할 수 있는 검증된 비즈니스모델임은 사실이다. 스타트업은 새로운 비즈니스모델에 도전하는 측면도 있으므로 미디엄이 앞으로 흑자를 이어가고, 계속해서 그 가치를 제공할 수 있을지 여부는 관심을 갖고 지켜봐야 할 일이다.

거듭 강조하지만, 비슷한 성격을 가진 제품이라도 매트릭스는 회사의 비전에 의해 전혀 다르게 설정된다. 그리고 그렇게 해야만 한다.

매트릭스는 '오직 하나'다

스타트업이 추구하는 매트릭스는 오직 하나다. 자원이 적은 스타트업에게 다수의 매트릭스는 의미가 없을 뿐더러 관점과 행동을 흐트러뜨릴 수 있다는 점에서 바람직하지 않다.

앨리스테어 크롤(Alistair Croll)과 벤저민 요스코비츠(Benjamin Yoskovitz)가 지은 《린 분석(Lean Analytics)》에는 유일한 매트릭스를 문자 그대로 "One Metrix That Matters(약칭 OMTM)"라 적고 있

다. 그 밖에도 가장 중요한 매트릭스를 '북극성(North Star)'이라고 부르는 기업도 있다고 한다. 이름이야 어찌되었든지 간에 한 가지 매트릭스가 갖는 중요성은 어떤 기업에게나 다르지 않을 것이다.

어느 매트릭스가 정답이라고 말할 수 없는 환경에서 하나를 고른다는 것은 매우 어렵고 두렵기까지 한 일이다. 하지만 인원이 적은 스타트업에서는 구성원 모두가 같은 방향으로 나아가지 않으면 제대로 된 행동력을 발휘할 수 없다.

중요한 것은 추적 매트릭스에 초점을 맞추어야 한다는 점이다. 특히 초기 스타트업일수록 한 개의 매트릭스를 멤버 전원이 추구하도록 설정해야 한다.

페이스북의 경우 설립 초기에는 등록한 유저의 숫자를 중요시했다. 그러나 점차 성장세와 계속률이 떨어지자 액티브 유저의 수를 가장 중요한 매트릭스로 설정하고, 유저 숫자 확대를 과제로 삼는 전담팀을 구성하면서 정체에서 벗어났다.

조직이나 제품의 성장에 있어 보틀넥은 항상 존재하기 마련이다. 현재 어디에서 보틀넥 현상이 나타나고, 어느 매트릭스를 설정하는 것이 적절한지 상황을 판단하여 변화를 줄 필요가 있다.

회사 규모가 커지면 '밸런스 스코어 카드[(Balance score Card(다면적 목표 관리. 약칭 BSC_옮긴이)]와 같은 다수의 매트릭스가 필요해질지도 모른다. 그러나 스타트업은 현 시점에서 중요한 숫자를 한 개로 압축하고 그것을 회사 차원에서 향상시키는 데 포커스를 맞출 필요가 있다. 매트릭스를 결정함으로써 전략과 마찬가지로 '무엇을 하지 않을 것인지' 자연스럽고 명확하게 파악할 수 있을 것이다.

추적은
철저하게 하라

설정한 매트릭스를 지속적으로 추구하도록 팀을 관리하는 일은 경영진의 주요 업무 중 하나다. 매일 혹은 매주, 매월 단위로 숫자를 추적하고 상황이 좋지 않을 때는 신속하게 대응해야 한다.

최근에는 매트릭스 추적에 효과적인 보고서용 도구(Reporting tool)가 다수 나와 있다. 특히 소프트웨어 영역에서는 제품 안에 확인 가능한 툴이 포함되어 있어서 숫자의 집계나 추적이 그리 어렵지 않다. 중요한 포인트는 정보를 투명하게 관리하고 그 숫자를 매일 추적하면서 결과에 따라 행동하는 것이다.

매트릭스의 현재 상황을 알지 못하면 팀의 판단은 과거의 정보에 의존하여 이루어질 수밖에 없는데, 그래서는 가치 있는 판단이 불가능하다. 최신 정보를 공유할 수 있는 투명성과 더불어 자율적으로 행동하기 위한 권한이 필요하다.

에어비앤비는 초기에 성장률을 가장 중요한 매트릭스로 삼았다. 당시에는 냉장고나 테이블, 화장실 등 사무실 곳곳에 성장률을 적은 종이를 붙여 직원들이 숫자를 인식할 수 있도록 했다. 지금도 대다수의 스타트업은 회사가 추구하는 매트릭스를 가장 눈에 잘 띄는 장소에 게시하고, 직원들에게 전달하고자 노력하고 있다.

매트릭스 추적에 있어 또 한 가지 중요한 것은 계측된 숫자에 대해 변명해서는 안 된다는 점이다. 특히 스타트업 경영진은 외부에서 어떤 제재도 받지 않기 때문에 스스로 엄격한 규율을 정할 필요가 있다. '지금은 개발에 집중하고 있으니까', '이번 주는 이벤트가 진행되니까' 등의 이유를 들어 관리에 소홀하다 보면 얼마 지나지 않아 일상으로 굳어지기 쉽다.

매트릭스를 설정한 이상, 경영자 자신이 그것을 철저하게 추구해야 한다. 그러지 않으면 현장에서 일하는 직원 모두가 매트릭스를 경시하게 된다. 당연히 매트릭스 설정 효과도 떨어질 수밖에 없다.

실제로 숫자를 지속적으로 추적하는 것을 대부분의 스타트업이 제대로 수행하지 못하고 있다. 반대로 말하자면 적절한 매트릭스 설정과 철저한 추적을 실현하는 것만으로도 다른 스타트업보다 한 걸음 더 나아갈 수 있는 셈이다.

고객 지원은 제품 개발로 연결된다

업무를 규정짓지 않는 것, 그리고 고객에게 제품을 지속적으로 사용하도록 하기 위해 중요한 역할을 담당하는 것이 바로 고객 지원이다.

고객 지원이라고 하면 출시 이후 사후 처리나 불만 처리를 가장 먼저 떠올리는 독자들이 많으리라 생각한다. 그러나 스타트업에게는 결코 그렇지 않다.

스타트업에게 고객 지원이란, 제품 이외의 체험을 제공할 수 있는 중요한 활동이다. 다시 말해 보다 넓은 의미로 제품 체험을 활성화시키기 위한 요소인 것이다.

오히려 제품 자체보다 친근한 고객 지원으로 차별화를 꾀하는 경우도 적지 않다. 지원을 강화함으로써 스타트업은 제품이 가진 장점 이상의 체험을 고객에게 제공할 수 있다.

한 걸음 더 나아가, 스타트업에게 고객 지원이란 '제품 개발의 일부분'이라는 의식이 필요하다. 왜냐하면 고객 지원 과정에서 제품의 결함이나 개선점이 발견되기 때문이다.

특히 제품을 출시한 직후 사용자들이 보내는 문의 사항은 보물과도 같다. 누가 구매했는지, 어떻게 사용하는지 등 직접 고객의 목소리를 들을 수 있는 기회는 제품 개발과 긴밀하게 연결된다.

여행에 특화된 검색 엔진을 운영하고 있는 카약(KAYAK)이라는 스타트업은 프로그램 설계 부서 한가운데에 빨간 전화기를 설치해 엔지니어가 고객 지원을 하도록 제도화했다. 그 결과 엔지니어는 고객의 반응과 요구 등을 체감하고 이해하면서 제품에 반영시키고 있다.

또한 앞서 예로 들었던 우푸는 엔지니어가 돌아가면서 직접 고객 지원에 나서도록 하고 있다. 그들은 '직접 유저와 교류한 결과를 제품 디자인에 반영한다'는 신념을 가지고 매주 4시간에서 8시간 동안 고객을 응대하고 있다. 계산해 보면, 프로그램 개발자의 업무 시간 가운데 30퍼센트를 고객 지원에 할애하는 셈이다. 우푸에서는 이러한 개발 형태를 '지원 구동 개발'이라고 부른다.

지원과 개발을 병행한 결과 회사는 착실하게 성장해 유저의 숫자가 대폭 늘었음에도 불구하고 문의 건수는 많이 늘지 않는다고 한다. 서비스 초기부터 축적한 유저의 반응을 활용하여 제품 사용의 편의성을 향상시키는 한편, Q&A를 충실하게 수행함으로써 유저가 자신의 문제를 해결할 수 있도록 정보를 충분히 제공했기 때문에 결과적으로 유저의 가파른 증가에도 별다른 변동 없이 고객 지원이 이루어진 것이다.

차트 서비스 업체인 슬랙도 약 6개월 간 매일 CEO가 직접 고객 지원을 담당했다. 에어비앤비의 공동창업자인 조 게비아(Joe Gebbia) 역시 Y콤비네이터에 있던 기간 내내 헤드셋을 착용하고 다니면서 유저로부터 걸려온 문의 전화에 대응하는 장면이 심심치 않게 목격되었다.

고객 지원에 창업자가 직접 나서면 장기적으로 고객에게 사랑받는 보다 좋은 제품을 만드는 일이 가능해진다. 그리고 뛰어난 고객 지원은 고객을 열광적인 팬으로 변화시킬 뿐만 아니라 회사를 대신해 제품을 선전하는 에반젤리스트로 만들기도 한다.

에반젤리스트가 된 고객은 직원보다 더욱 효과적으로 제품의 장점을 알린다. 즉, 뛰어난 고객 지원은 설득력 있는 입소문을 나게 한다.

대기업은 대부분 수준 높은 고객 지원을 하기가 쉽지 않다. 그것이야말로 스타트업과 완전히 차별화된 부분이다. 고객과 CEO가 직접 연결되는 회사는 스타트업뿐이다.

단, <u>만족도를 최고로 끌어올리지 못하면 의미가 없다는 걸 명</u>

심하자.

2000년대 초반에 제록스(Xerox)가 실시한 고객 대응에 관한 자료에 따르면, '만족한다'고 대답한 고객 중에서 실제로는 75퍼센트나 되는 고객이 등을 돌린다고 한다.

반면, '매우 만족한다'는 최고 평가를 내린 고객은 계약 유지율이 '만족한다'고 답한 고객의 6배에 달한다.

또한 어느 항공사에서는 '매우 만족한다'고 평가했던 고객의 재이용률이 80퍼센트 이상인 반면 '만족한다'고 답한 고객은 30퍼센트도 채 되지 않아 '보통'이나 '불만족'에 체크한 고객과 별 차이가 없었다.

따라서 최고의 만족도를 얻고 계속률을 높여 입소문이 나게 하려면 고객과 직접 소통하면서 '업무를 규정짓지 않는' 지원을 지속적으로 제공할 필요가 있다.

'적극적인 고객 지원'이 중요하다

고객이 제품을 지속적으로 사용하게 하기 위해서는 고객이 문의할 때까지 기다리지 말고 회사 측에서 적극적으로 지원하려는 자세가 필요하다. 고객은 제품을 사용하고 싶어서가 아니라 제품을 사용하여 작업의 자동화나 효율화라는 성과를 얻고자 했을 것이다. 그럼에도 성공 체험에 이르기 전에 정착시키지 못하고 중도에서 포기하는 경우가 종종 발생한다. 그 결과 성능 테스트나 제품을 한 번 정도 사용해 본 뒤 그대로 외면해 버리기도 한다.

최근 이러한 상황에 대비하여 기업 대상 제품 영역에서는 커스터머 액세스(Customer Access)라는 부서가 신설되는 추세다. 이것은 고객으로부터 불만 사항을 처리하는 기능이 아니라, 어떻게 하면 고객이 회사의 제품을 사용하여 성공(액세스)에 이르게 할지 돕는 지원책의 일환이다.

보다 적극적인 지원 활동은 회사의 수익에도 반영된다. 정액제 서비스가 주 수입원인 음원 제공업체의 예를 들어 보자. 이런 업체들은 매출의 70~95퍼센트가 계약 갱신이나 업셀링[Up-Selling(상위의 서비스나 제품을 이용하는 것)]에서 나온다. 이때 높은 만족도를 얻은 고객은 다른 신규 고객을 불러들인다. 기업 대상처럼 입소문이 나기 어려운 제품조차 84퍼센트가 소개를 통해 계약에 이르렀다는 통계도 있다.

이러한 적극적인 고객 지원은 무엇보다 제품의 피드백을 얻을 수 있다는 의미에서 긍정적이다. 특히 고객이 적은 스타트업 초기에 수동적으로 고객 지원을 해서는 고객의 목소리를 들을 수 없다. 회사가 나서서 고객 지원에 힘을 쏟으면 그만큼 고객 반응을 기다리는 시간도 줄고, 제품 체험에 관한 고객의 피드백을 신속하게 받을 수 있다.

영업도
제품 개발이다

고객 지원과 마찬가지로, 영업도 제품 개발의 한 가지 요소다.

영업이나 고객 유치를 통해 제품에 관한 위험성을 검증하거나 고객에 관한 통찰을 얻을 수 있다. 예를 들어 어디에서 거절을 당했는지, 반대로 어떤 기능을 보여 주었을 때 구입이 결정되었는지, 혹은 샘플은 효과가 있었는지 등의 체험은 제품 개발에 긍정적인 효과를 준다. B2B[Business to Business(기업 간 전자 상거래)] 제품의 경우라면 영업을 통해 의사 결정 과정이나 도입 과정 등을 알 수도 있다. 구매 또는 도입을 거절당한 경우라면 그 이유를 들을 수도 있다.

영업의 중요성은 많은 사람들이 강조하고 있다. 그럼에도 불구하고 '좋은 물건을 만들면 고객은 알아줄 것'이라는 신념을 갖는 창업자들이 있다. 이러한 경향은 주로 기술 중심의 스타트업에서 나타난다. 하지만 안타깝게도 그런 경우는 드물다.

정보가 넘쳐나는 요즘, 소비자들에게는 스타트업 제품을 알 만한 기회나 시간이 충분히 주어지지 않는다. 때문에 확실하게 어필하지 않으면 제품의 존재 자체를 알리는 일조차 쉽지 않은 것이 현실이다. 운 좋게 제품을 알리게 되었다고 해도 이후 고객이 비용을 지불해서 구매하기까지는 여러 단계를 거쳐야 한다.

구글과 같은 뛰어난 기술력을 가진 기업조차 우수한 엔지니어를 확보하는 한편, 고액 연봉을 주고 영업자를 고용한다. 이 사실에 비추어 볼 때 제품의 우수성만으로는 충분한 수익을 효율적으로 올릴 수 없음을 알 수 있다.

물론 치열한 영업 활동을 기피하는 스타트업도 있다. 그런 스타트업일수록 마케팅으로 영업을 대신하려고 한다. 그러나 마케팅에 의지하는 스타트업은 결과적으로 실패하는 경우가 적지 않다. 왜냐하면 마케팅으로는 고객의 쓴소리를 들을 수 없기 때문이다.

스타트업 초기에는 하루라도 빨리 실패를 경험해야 한다. 영업은 고객과 직접 만나는 일이다. 때문에 제품에 대한 신랄한 피드백이나 반응을 피부로 느낄 수 있다. 그리고 그러한 영업 실패 경험을 반영해 재빨리 제품을 개량할 수 있다.

반면, 마케팅은 명확한 실패 체험이나 피드백이 주어지지 않는다. 마케팅에 힘을 쏟으면 단기적인 실패는 피할 수 있겠지만 제품을 개량하기 위한 피드백을 얻기가 어려워진다. 그 결과 장기적으로 보았을 때 제품이나 회사의 실패로 이어지기도 한다.

충분한 자신감과 경험이 축적되어 있다면 처음부터 마케팅이나 브랜딩(branding)에 주력해도 상관없다고 생각할지 모른다. 하지만 이런 경우라도 초기에는 영업에 주력하여 고객으로부터 피드백을 얻어야만 한다. 피터 틸 역시 "우량기업의 영업 전략은 작게 시작되는 것이고 또 그래야만 한다"고 강조했다.

더욱이 영업이나 초기 고객 유치는 창업자가 직접 나서야 한다. 창업자의 책임은 무슨 일이 있어도 초기 고객을 확보하는 데 있다. 그리고 그 방법은 회사마다 조금씩 다르다.

예를 들어 하루 100통의 메일을 고객에게 보내거나 지인들에게 직접 전화를 거는 방법도 가능하다. 아니면 이벤트를 실시해 본격적으로 유저에게 테스트 기회를 제공할 수도 있다.

우선 제품 출시 직후에는 수백 개의 회사, 수백 명의 고객에게 창업자가 직접 다가가겠다는 각오로 임해야만 한다. 교육계 스타트업인 클레버(Clever)의 창업자는 Y콤비네이터에 들어간 뒤 첫 2개월 동안 400개가 넘는 회사에 직접 전화를 걸어 영업을 했다.

영업이라고 하면 기업 관련 제품에 국한된 것이라고 생각하기 쉽다. 하지만 영업에는 소비자를 위한 무료 체험 서비스 등도 포함된다. 초기 유저는 영업과 같은 방식으로 유치해야 한다.

창업자의 지인들조차 사용하지 않는다면 그 제품은 확산되지 않는다. 창업자가 누군가에게 어필했더라도 그들이 사용해 주지 않으면 해당 제품은 결국 이름만 알려질 뿐 사장되고 말 것이다.

제품 체험에 대해 열정과 이해도가 높은 창업자조차 영업에 실패한다면 다른 사람에게 맡겨도 제품은 팔리지 않을 공산이 크다. 완전히 새로운 제품일수록 제작에 참여한 당사자가 영업에 나서는 것이 가장 성공률이 높은 방법이다.

결론부터 말하자면 영업의 대부분은 실패하기 마련이다. 스타트업의 혁신적인 제품을 초기에 평가해 주는 얼리어답터나 이노베이터는 극히 소수에 불과하다.

100여 명에게 영업 활동을 벌인다고 했을 때 그중 98명은 거절하거나 아예 설명을 들으려고도 하지 않을 것이다. 결국 500명 중 단 10명 정도만 고객으로 유치할 수 있다는 계산이 나온다. 반대로 해석하면 영업은 숫자 게임이므로 <u>많은 사람들을 상대할수록 목표 수치를 달성할 가능성도 높아진다</u>는 의미가 된다.

그러기 위해서는 당연히 앞뒤 가리지 말고 영업에 뛰어들어야 한다는, 다소 맥 빠지는 결론에 도달하게 된다. 그나마 희망적인 것은 '처음(혹은 지금까지 전혀 상관없었던) 비용을 지불한 10명의 고객은 앞으로 유치하게 될 1000명의 고객과 거의 같은 특성을 갖는다'는 점이다. 그 10명에게서 나오는 매출이 맥주 한 잔 값에 미치지 못할 수도 있다. 하지만 그들은 성공의 전조다. 일단 10명의 고객을 유치하는 데 최선의 노력을 다해야 한다.

뛰어난 제품을 만들고, 그것을 고객의 마음을 사로잡는 방법으로 영업하게 되기까지가 창업자의 역할인 것이다.

영업의 기본은 '듣는 것'이다

계속해서 영업에 대해 생각해 보자.

영업은 판매가 아닌 의견을 듣는 일부터 시작해야 한다. 즉, 영업은 대화가 아닌 경청하는 데서부터 시작된다. 특히 고객이 지금 당면한 문제가 무엇인지 성심껏 들어야 한다.

해결책으로 자사 제품을 소개하는 일은 그 이후에 해도 늦지 않다. 실제로 '대화 중 70퍼센트는 듣는 데 할애하라'는 말이 있다. 즉, 자사 제품에 대한 이야기는 30퍼센트면 충분하다는 뜻이다. 이것이 성공적인 영업 활동의 비결이다.

영업에서는 속도가 중요하다. 만약 온라인상으로 문의 사항이 접수되었을 때 기술자가 5분 정도 고객과 직접 통화하면 고객의 반응은 압도적으로 향상된다는 데이터도 있다. 고객의 35~50퍼센트는 최초로 관심을 보인 판매자를 선택한다는 통계가 있는 만큼, 문의 사항에는 발 빠르게 대응하는 것이 성공률을 높여 준다.

더불어 끈기 있게 교섭에 임하는 일도 중요하다. 적극적으로 구매 의사를 어필한 고객이라도 관리하지 않으면 쉽게 등을 돌리기 마련이다. 최소 6번 정도는 연락을 취해 각인시킬 필요가 있다.

이처럼 빠른 대응이나 관리를 소홀히 하지 않기 위해 IT를 활용하는 것도 방법이다.

유통이 보틀넥이다

유통(distribution)은 폭넓게 해석되는 단어지만, 대개는 제품이 고객에게 도달하기까지 모든 유통 과정을 가리킨다. 직접 판매하는 영업 활동뿐만 아니라 대리점을 통한 판매 활동, 광고, 마케팅, 비즈니스 개발, 입소문, 모든 것이 유통에 포함되어 있다. 그리고 유통은 스타트업이 급성장하는 데 숨겨진 보틀넥이 될 확률이 높다.

유통이 보틀넥이 되는 이유 중 첫 번째는 유통을 경시하기 때문이다. 앞서 언급한 적이 있지만 대부분 사람들은 제품만 좋으면 고객은 자연스럽게 따라올 거라 착각하는 경향이 있다. 그러나 그런 일은 결코 일어나지 않는다.

피터 틸은 자신의 저서에서 "새로운 것을 발명해도 그것을 효과적으로 판매하는 방법을 생각해 내지 않으면 좋은 비즈니스는 불가능하다. 아무리 좋은 상품이라도 결과는 마찬가지일 것이다"라고 언급했다. 유통을 경시하는 스타트업에게 경종을 울리는 말이다.

두 번째 이유는 유통은 비용을 들인다 해서 효과가 좋아지지 않으며, 특정 비즈니스에는 극히 일부 채널만이 효과를 발휘하기 때문이다. 즉, 유통의 근간을 이루는 채널에도 '지수법칙'이 적용되는 것이다.

피터 틸은 대부분의 비즈니스가 실패하는 원인은 "제대로 기능하는 유통 채널을 갖지 못한 채 약화된 구조를 방치하고 있기 때문"이라고 말했다.

뒤집어 생각하면 유효한 채널을 찾아 유통에서 유리한 위치를 확보하면 독점에 한 걸음 더 다가서게 된다는 얘기다. 물론 효과적인 유통 방법을 찾아내지 못하면 스타트업은 고사(枯死)할 수

밖에 없다는 의미도 된다.

그러한 성질 때문에 초기에 업무를 규정하지 않은 채 영업에 뛰어들 필요가 있다.

영업은 유통을 검증하는 데 활용한다. 고객이 어떤 경로로 회사를 알게 되었는지, 어떤 식의 판촉 활동을 좋아하는지, 평소에 어느 분야에 관심을 갖는지 등 영업을 통해 고객에 대해 배울 수 있다. 그중에서 가장 적당한 채널이나 유통 방식을 깨닫는 계기가 만들어지기도 한다.

요즘에는 스타트업을 시작하기는 더 쉬워졌지만 시장을 선점하기 위한 경쟁은 어느 때보다 치열해지고 있다. 한때 스타트업이 만든 애플리케이션이 상위권을 차지하던 앱 스토어의 매출 순위는 현재 대기업에 독점되다시피 하고 있다.

스타트업 초기에는 경쟁이 심한 성숙된 채널보다는 회사의 비즈니스만이 통할 수 있는 고유의 채널을 찾아야 한다. 그 방향을 잡아 줄 사람은 고객 이외에는 없다. 그리고 고객을 이해하기 위한 지름길은 그들과의 소통뿐이다. 이는 영업과 지원, 고객 인터뷰 등의 방식으로 얼마든지 실현시킬 수 있을 것이다.

실행 방식을 해킹하라

세상에는 '해커'라 불리는 사람들이 있다.

불법적인 방식으로 타인이 서버에 액세스한 것을 가리켜 '해킹을 당했다'고 말하곤 하는데, 본래 '해커'란 일반인보다 한 단계 높은 기술적 지식을 보유하고 그 지식을 이용해 문제를 해결하는 사람이나 기지가 뛰어난 사람, 창조하는 사람들을 의미했다. 지금은 부정행위를 저지르는 사람을 '크래커'라고 칭해 해커와 구분하여 사용하고 있다.

최근 실리콘밸리의 스타트업에서는 우수한 기량을 가진 해커들이 창업자로 나서는 경향이 눈에 띠게 늘었다. 말하자면, 스타트업은 해커 정신을 확대하여 스타트업 경영 자체를 '즐기겠다는(Hack)' 생각을 담고 있는 셈이다.

예를 들어 '실행'은 해커 정신이 요구되는 분야 중 하나다.

스타트업을 경영한다는 것은 많은 부분을 감내해야 하는 일이다. 그중에서 의식해야만 하는 것은 '보다 효율적으로 실행할 방법은 무엇인가'라는 점이다.

이제까지 설명한 내용을 보아도 알겠지만, 스타트업은 평범한 방식으로는 대기업을 이길 수 없다.

페이스북이 'Move Fast and Break Things(빠르게 움직이고 파괴하라)'는 슬로건을 내놓고 단번에 세계적인 기업으로 성장한 것처럼 스타트업에는 스타트업만의 속도로 소화할 수 있는 실행 방법이 있기 마련이다.

클라우드 서비스 회사인 드롭박스는 한때 거리를 지나는 사람들을 인터뷰하면서 그 대가로 스타벅스 커피를 사 주었다. 커피 한 잔 값으로 고객의 목소리를 들을 수 있었던 셈이다. 만약 대기업이었다면 한 달 넘게 걸렸을지도 모를 인터뷰를 불과 몇 시간 만에 끝낼 수 있었다. 반짝이는 아이디어는 스타트업에게 가장 중요한 자원이다. 이처럼 기발한 아이디어는 시간을 절약하게 해 준다.

트위터는 텍사스 주 오스틴에서 열리는 SXSW[south by south-west(영화, 인터랙티브, 음악 페스티벌 컨퍼런스)] 2007년 이벤트 프로모션을 독특한 방식으로 진행했다.

트위터는 흔히 볼 수 있는 전시용 부스를 준비하지 않고 전시장에 거대한 모니터를 설치한 뒤 SXSW에 관한 반응, 즉 '트윗'의 숫자를 표시하는 한편 트위터 자체에 SXSW용 기능을 특별히 추가시켰다. 이것은 특정 문자가 들어간 문장을 쓰면 트위터의 해당 계정을 자동으로 팔로우할 수 있는 구조로 되어 있다. 그 결과 프로모션 이전에는 하루 2만 개에 그쳤던 관련 트윗이 이벤트

기간 중에는 6만 개로 늘어났다.

또 SXSW와 관련된 아이디어로, 벨리(Belly)라는 저작권 프로그램 스타트업의 사례를 들 수 있다. 그들은 이벤트 개최 전부터 SXSW 개최지인 오스틴에 머물면서 자사 서비스를 현지 각 상점에 미리 배포했다. 이러한 활동으로 이벤트 참가자들이 도시를 방문했을 당시 오스틴의 거의 모든 가게가 벨리를 이용하는 진풍경이 펼쳐졌고, 행사와 관련된 고객 후보나 미디어, 유명인들에게도 벨리를 제공하여 제품의 인지도를 단번에 급상승시키는 데 성공했다.

이처럼 하나의 이벤트만 해도 대기업과 같은 방식으로 참가하거나 출전하지 않고도 시장에 잠입할 수 있는 가능성은 충분하다. 뿐만 아니라 적은 비용으로도 높은 효과를 얻을 수도 있다. 최신 기술을 활용하여 효율성을 높이거나 새로운 채널을 통해 마케팅을 실시하는 것 역시 일종의 '해킹'이라고 말할 수 있다.

Y콤비네이터도 과거에 해킹 경험이 있는지 여부를 중요하게 여기고 있으며, 그런 스타트업에게는 적극적인 출자를 검토하기도 한다.

단, 해킹이 법률적으로 회색지대(흑백이 뚜렷하지 않은 상태)에 해당하는 행위이거나 윤리적으로 저해되는 등의 문제를 포함해서는 안 된다. 요점은 어디까지나 '어떻게 기존 시스템이나 사고를 앞지를 것인가' 하는 점이다.

정확한 이유는 알 수 없지만 스타트업은 불법적인 행위까지 서슴지 않는다는 이미지가 강하다. 그러나 그러한 방식으로는 오랫동안 회사를 운영할 수 없다. 만약 독자들이 다니고 있는 회사가 비윤리적인 행위를 저지른다면 그런 환경에서 계속 근무하고 싶겠는가?

이 질문에 대해 'NO'라고 대답했다면 고결한 기업 가치를 유지하기 위해 노력할 필요가 있다. 더 이상 '해킹'이라는 말의 의미가 부정적으로 사용되지 않도록 주의해야 할 것이다.

최후의 제품은 '팀'이다

지금까지 스타트업에게 요구되는 이상적인 제품 체험과 성장에 이르기까지 전반적인 내용을 다루었다. 만약 고객이 갖고 싶어 하는 제품 체험을 제공할 수 있다면 조직 역시 나름의 성장을 이룰 것이다. 그러나 조직이 성장하면 성장할수록 몇몇 창업자들은 제품 중심에서 멀어지고 회사를 만드는 데 많은 시간을 할애하게 된다.

그러한 징조가 드러나기 시작한다면, 조직에서 좋은 제품을 지속적으로 만들어 낼 수 있도록 제품 담당자를 늘리는 등의 방법을 고려할 필요가 있다. 일반적으로는 '직원이 25명이 넘으면 창업자의 업무는 제품 제작에서 경영으로 이동한다'고 알려져 있다.

창업자의 업무가 변하는 단계에 들어서면 어떤 의미에서 볼 때 '뛰어난 제품 체험을 가능하게 하는 팀' 자체가 제품이 될 수도 있다.

직접 제품을 만드는 데 소요되는 기간은 창업자가 회사를 운영하는 과정에서 가장 즐거운 시간 중 하나다. 그리고 창업자가 제품에만 집중할 수 있는 단계는 의외로 짧은 경우가 많다. 따라서 스타트업 창업자는 이 시기를 충분히 누려야 한다.

Chapter 3 정리

- 무엇보다 사람들이 '갖고 싶어 하는 제품'을 만드는 것이 중요하다.

- 제품 '이외'에도 제품 체험으로 인식할 수 있는 범위는 얼마든지 넓힐 수 있다.

- 제품 체험은 '가설의 집합'이다. 가장 큰 위험성을 가진 가설부터 검증을 시작한다.

- 스타트업에게 있어 큰 위험성은 고객의 수요가 존재하는지 여부에 달려 있다. 정확한 수요 파악을 위해서라도 단순한 형태의 제품을 하루라도 빨리 출시하여 고객의 반응을 살피며 개선해 나가도록 한다.

- 다수가 좋아하는 제품보다는 '소수에게 사랑받는 제품'을 만들어야 한다. 그러기 위해서는 '업무를 규정짓지 않는 것'이 중요하다. 그리고 '계속성'을 추구해야 한다.

- 고객 지원과 영업은 제품 개발의 한 부분이다. 귀찮거나 사소한 일이라도 창업자가 직접 나서서 행동해야 한다.

스타트업은 모멘텀(추진력)을 잃는 순간 쓰러진다

스타트업이 가장 신경 써야 할 부분은 성장률과 모멘텀[Momentum(추진력)] 이다.

모멘텀이 있는 동안에는 제품 개발이나 개선이 원활하게 이루어지고, 인력 채용에도 어려움을 겪지 않는다. 뿐만 아니라 장시간 근무에도 종업원의 동기 부여가 저하되는 일이 거의 없다. 부정적인 상황에 처해도 모멘텀만 있으면 치유와 회생이 활발하게 이루어진다.

그러나 한번 모멘텀을 잃으면 종업원의 사기가 놀랄 만큼 쉽게 떨어지는데, 그 이유는 스타트업에 참가하는 사람들은 '회사가 하루가 다르게 성장하는 것을 통해 본인도 성장한다'고 생각하기 때문이다.

모멘텀을 잃게 되면 어떻게 될까?

가장 먼저 눈에 띠는 현상은 회사에 대한 불만이나 이직자의 발생이다. 그리고 단번에 회사의 전체적인 분위기가 비관적으로 바뀌면서 제품 개발 속도를 떨어뜨린다.

결과적으로 CEO는 잡무(雜務)나 추가 채용, 인간관계 회복 등의 문제에 부딪혀 회사나 제품의 진화에 소극적으로 대처하게 된다. 악순환의 시작인 셈이다.

샘 앨트먼은 이러한 현상을 "스타트업은 모멘텀에 의해 수명이 연장된다"고 정의한 바 있다.

스타트업은 결코 모멘텀을 잃어서는 안 된다.

현재의 모멘텀에서 눈을 떼지 말고 어떻게 하면 그 상태를 유지할 것인지 끊임없이 생각해야 한다. 특히 CEO나 임원진이 모멘텀 상실을 감지하기 시작했다면 이미 대다수의 종업원이 그것을 실감하고 있다고 보고, 대책을 강구하지 않으면 안 된다.

그리고 모멘텀이 충분할 때 그렇지 못할 때를 대비하여 종업원이 빠져나가지 않도록 회사의 체제를 정비해야 한다. 구체적으로 말해 회사는 '종업원이 자신의 업무와 동료를 좋아하도록 만드는' 일에 중점을 둬야 한다는 의미다.

실리콘밸리에서 저명한 투자가이자 기업가로 활동하고 있는 벤 호로비츠는 자신의 저서 《HARD THING: 경영의 난제, 어떻게 풀 것인가(HARD THING about The Hard Things)》에서 "모든 일이 비관적인 방향으로 흘러가는 상황에서 사원을 회사에 머물게 만드는 유일한 이유는 그 일을 좋아하게 만드는 것뿐이다"라고 말했다.

최초의 모멘텀을 얻기 위한 가장 좋은 연습은 재빨리 제품을 만들어 론칭하는 것이다. 론칭 타이밍이 얼마나 중요한지는 앞에서도 설명했지만, 고객에게 빨리 선보인다는 점 이외에 회사에도 긍정적인 영향을 끼친다.

다소 완벽한 모습이 아니지만 제품이 공개됨으로써 회사는 최초의 모멘텀을 얻을 수 있다. 그리고 무엇보다 고객의 반응을 보고 다음 단계를 명확하게 판단하게 된다.

반대로 제품 출시가 계속 늦어지면 팀에는 정체된 분위기가 발생한다. "진정한 예술가는 상품을 시장에 내놓는다"고 말한 애플의 창업자, 스티브 잡스의 말 그대로다.

또한 모멘텀을 제대로 만들어 내는 방법 중 하나로, 작은 조각으로 작업을 나누어 하나씩 완수함으로써 착실하게 승리감을 쌓는 것이 있다. 원대한 계획이 있더라도 그것을 작은 제품으로 분해하여 각각의 프로젝트로 완성도를 높이고, 그 성취감을 짧은 간격으로 반복하면 모멘텀이 발생하고 유지된다.

특히 '하드테크 스타트업'이라 불리는 고기술 중심의 스타트업이나 커다란 사회적 충격을 목표로 하는 스타트업일수록 처음부터 지나치게 큰 사이클로 과정을 설계하는 경향이 있다.

큰 야망과 사회적 의의, 어려운 과제라는 이유로 단번에 대규모 프로젝트를 완성하려는 시도는 결코 좋지 않다. 십중팔구는 그 과정에서 모멘텀을 잃고 말 것이다.

Y콤비네이터에서는 그런 하드테크 스타트업에 대해 작은 리소스로도 구성할 수 있는 적절한 크기의 프로젝트로 분할해 운영하라고 조언한다. 초기에 모멘텀을 얻기 쉬운 구조를 만들기 위함이다.

작은 승리 혹은 작은 성취감이라도 상관없다. '우리가 고객의 마음을 사로

잡기 시작했다'는 것을 회사 안팎에 지속적으로 알려 모멘텀을 유지해야 한다. 일련의 과정이 지속적으로 반복되면서 회사의 위상이나 제품의 완성도도 높아질 것이다.

Chapter 4

운:
조절 가능한
행운을 위해

　스타트업이 성공하기 위해서는 아이디어와 전략, 제품, 탁월한 실행력, 뛰어난 팀 등이 모두 제대로 갖춰져 있어야 한다. 그러나 이 모든게 갖춰졌다 해도 한 가지 요소가 부족하면 성공하기 어렵다. 바로 '운'이다.

　운이란 언뜻 '우연의 일치'로 비쳐진다. 하지만 각각의 요소로 분해하면 여기서도 컨트롤 가능한 부분을 도출할 수 있다.

　우리가 컨트롤할 수 있는 부분을 파악한다면 이후에는 그것을 최대한 살려 사업을 성공으로 연결시키면 된다. 그리고 단 몇 퍼센트라도 성공 확률을 높이는 일, 다시 말해 운을 컨트롤하는 일은 창업자의 기술 중 하나이기도 하다.

Chapter 4에서는 스타트업의 '운'에 대해 다양한 관점에서 검토해 보자.

기업가의 위험 요인이란?

기업가는 '위험 요인을 제거하는 사람'이다. 큰 성공을 거둔 기업가에게도 위험 요인은 늘 해결해야 할 숙제로 남는다.

애덤 그랜트는 자신의 저서 《오리지널스: 어떻게 순응하지 않는 사람들이 세상을 움직이는가》에서 "기업 경영보다 본업에 충실한 기업가는 그렇지 않은 기업가보다 실패할 확률이 33퍼센트 낮다"는 연구 결과를 인용한 바 있다. 그 결과가 맞다면 위험 요소를 대비하는 기업가가 성공할 가능성이 높다고 볼 수 있다.

또한 컨설팅 회사인 프라이스 워터하우스 쿠퍼스[Price Waterhouse Coopers(약칭 PWC)]가 발행한 책 《억만장자 효과: 왜 뛰어난 인재는 조직을 등지고 떠나는가?(The Self-made Billionaire Effect)》라는 책에서도 그러한 성향은 잘 드러난다.

대표적인 예로, 기업가이며 억만장자인 빌 게이츠에 대해 생각해 보자. 그는 회사를 시작하기 위해 하버드대학을 중퇴했다고 알려져 있다. 그러나 실제로는 학부 2학년 때 창업한 이후 1년간은 학업을 계속했다. 게다가 사업에 집중한 동안에도 퇴학이 아닌 휴학 상태였다. 즉, 그는 언제든지 하버드대로 돌아갈 수 있다는 선택지를 남겨 두었던 것이다.

앞서 언급했던 《오리지널스》에 의하면 기업가가 안고 있는 위험 요소는 일반인이 안고 있는 위험 요소와 별반 차이가 없다. 차이점이라면 위험 요소를 다루는 방식이다. 그 특징은 다음 3가지로 정리할 수 있다.

첫째, 기업가는 포트폴리오로 위험 요소를 관리한다.

성공한 기업가일수록 위험한 부분에 대한 포트폴리오를 가지고 있다. 다시 말해 어느 분야에서 위험한 행동을 취하면 다른 분야에서는 진중하게 중심을 잡아 전체적인 위험 수위를 상쇄하려는 경향이 있다.

예를 들어 창업하기 전에 확실한 수입원이나 자금원을 준비해 두고, 안전망이 확보된 상태에서 위험을 감수하려고 하는 것이다. 실제 큰 성공을 거둔 기업가 중에는 부모가 부자이거나 한 번 실패한 정도로는 경력에 큰 영향을 끼치지 않는 사람이 대부분이다. 즉, 안전망을 가진 상태로 창업을 한 셈이다.

아인슈타인이나 카프카와 같은 저명인사들도 마찬가지였다. 아인슈타인은 특허청에 근무하면서 상대성이론을 사색했고, 카프카 역시 보험사 직원이라는 신분으로 '변신' 등 부조리를 주제로 한 소설을 썼다. 그들은 안전한 수입원을 확보할 수 있었기 때문에 도전적인 과제에 임할 수 있었다.

둘째, 기업가는 타이밍을 기다린다.

시장을 선점하는 데 따르는 이익에 대해 이야기한 바 있지만, 위험 요소를 감수하려는 사람은 일단 체험하면서 이겨 내는 데 총력을 기울인다. 그러나 성공한 기업가는 적절한 타이밍이 올 때까지 기다리는 경향이 있다.

예를 들어 폰타익스(Pontikes)와 버넷(Bernett)이 2014년 창업한 소프트웨어 스타트업을 조사한 연구 자료를 보면, 벤처캐피털이 화제로 삼았던 유행이나 조류에 따라 서둘러 시장에 잠입한 기업가의 생존률이나 성장률이 매우 저조하다는 사실을 알 수 있다.

반대로, 시장의 과열 조짐이 어느 정도 완화될 때까지 기다릴 줄 아는 기업가나 이른바 '분위기가 가라앉은 시기'에 진입한 기업가일수록 성공할 확률이 높았다.

셋째, 기업가는 위험 요소를 상대적으로 평가한다.

보통 사람들은 현재 갖고 있는 것을 잃을까 두려워한다. 그러나 《억만장자 효과: 왜 뛰어난 인재는 조직을 등지고 떠나는가?》에 따르면 억만장자들은 기회를 놓치는 걸 더욱 두려워한다. 구체적으로 말하자면, '보유하고 있는 자금을 잃을 위험'보다는 '미래의 가능성을 놓칠 위험'에 더욱 민감하게 반응하는 것이다.

성공한 기업가는 '하이 리스크, 하이 리턴(High-Risk, Higu Return)' 만을 쫓는 것 같지만 위의 3가지 포인트에서 일반 기업가와 분명한 차이를 보인다. 그리고 위험 요소를 다루는 방식 역시 '남다른 운을 가졌다'고 말할 수 있다.

바벨 전략으로
블랙 스완을 피하라

2008년 금융위기를 예측했다고 알려진 《블랙 스완(The Black Swan)》이란 책이 있다. 책의 저자인 나심 니콜라스 탈레브(Nassim Nicholas Taleb) 교수는 '블랙 스완'이라 불리는 현상을 다음과 같이 정리했다.

- 이상 현상, 즉 과거에 비추었을 때 그런 일이 일어나리라고는 생각할 수 없는, 일반적인 사고법을 벗어나는 일
- 상황이 벌어졌을 때 매우 큰 충격이 있는 일
- 이상 현상임에도 불구하고 일어난 이후에는 설명 가능하거나 예측 가능했다고 여기는 일

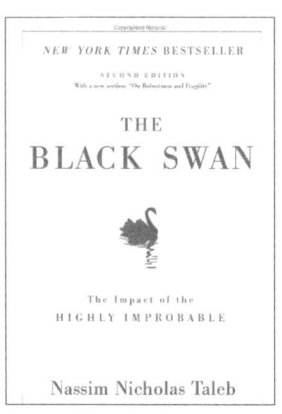
《블랙 스완》, 나심 니콜라스 탈레브 저

다시 말해 예상을 뛰어 넘어 다시 되돌릴 수 없을 정도의 영향을 끼치는 것이 블랙 스완이다. 어떤 블랙 스완은 금융위기처럼 사람들에게 막대한 피해를 입히기도 한다. 그러나 금융위기와 같은 나쁜 블랙 스완이 있는 반면, 좋은 블랙 스완도 존재한다.

<u>좋은 블랙 스완의 하나가 바로 스타트업이다.</u>

스타트업은 '일반적으로 생각할 수 있는 범위에서 벗어난 것'에서 비롯되고, 상황이 벌어졌을 때 '큰 충격'이 있으며, '본래 예측 가능한 일'로 설명할 수 있다.

그리고 그것을 발견했을 때 기업가나 투자자에게는 큰 이익을 가져다준다. 따라서 스타트업은 블랙 스완의 특징을 거의 완벽하게 갖추었다고 해도 과언이 아니다.

블랙 스완의 특징은 스타트업에도 응용할 수 있다. 탈레브 교수는 저서에서 블랙 스완의 존재에 대해 언급하면서 그것을 제어하는 방법에 관해서도 이야기한다.

대표적인 방법 중 하나가 '바벨 전략'이라는 리스크 관리 방식이다. 이 전략은 바벨의 양쪽 끝 추에만 무게가 실리는 것처럼, 다양한 선택이 가능할 때 중간은 버리고 극단적인 선택만 하는 것이다. 다시 말하면, '보수적인 투자와 투기성 투자를 조합하여 중간 정도의 리스크는 절대로 허용하지 않는다'는 것이다.

예를 들어 투자 구조에서 안전 중심의 투자를 90퍼센트, 공격적인 투자를 나머지 10퍼센트 정도로 안배하는 형태를 띤다. 리스크를 분산시키려는 의식이 작용하면서 중간 정도의 리스크를 가진 것에 투자한다면 블랙 스완이 나타날 가능성이 급격히 커진다.

그러나 바벨 전략은 투기성이 높은 부분에 투자하면서도 안전을 충분히 확보하게 된다. 따라서 나쁜 블랙 스완과 좋은 블랙 스완, 두 가지 모두에 능숙하게 대처할 수 있다.

이 전략을 활용하면 자산의 90퍼센트를 거는 안전한 투자에서 나쁜 블랙 스완이 발생하더라도 10퍼센트의 적극적인 투자로 손실을 메꿀 수 있다.

그림 11 바벨 전략

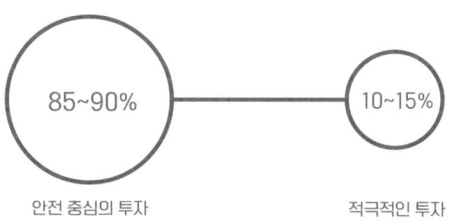

반면, 적극적인 투자 쪽에서 출현한 좋은 블랙 스완은 예측 불가능할수록 큰 수익을 기대할 수 있다.

탈레브 교수는 적극적인 투자에 있어서는 벤처캐피털과 같은 포트폴리오를 구성한다면 더욱 효과적일 것이라고 조언한다.

벤처캐피털은 리스크를 가진 수십여 개의 스타트업을 대상으로 투자하고, 그중 하나라도 크게 성공하면 되는 비즈니스다. 스타트업은 비대칭적인 이득을 낳기 때문에 벤처캐피털은 그런 비즈니스모델로도 제 기능을 할 수 있는 것이다.

이러한 리스크를 관리하는 방식은 제품 개발에도 응용할 수 있다. 예를 들어 어떤 제품에 새로운 기능을 추가하려고 할 때 고객의 요구가 컸던 기능에 많은 시간을 할애하고, 나머지는 리스크가 다소 높은(혹은 소수만이 원하는) 기능을 더하는 것이다. 이 방법으로 어느 순간 비약적으로 유저를 늘릴 가능성을 확보할 수 있다.

구글의 '20퍼센트 규칙' 역시 바벨 전략과 비슷하다. 구글 역시 업무 시간의 20퍼센트를 자유롭게 활용할 수 있게 해서 결과적으로는 사원들이 적극적인 투자에 나서도록 독려하고 있다. 실제로 구글에서는 해당 규칙으로 인해 급성장을 지속하고 있으며 다수의 유저가 환영할 만한 제품을 계속 만들어 내고 있다.

구글뿐만이 아니다. 페이스북의 중심 기능 중 하나인 타임라인도 본래 사내에 도입했던 해커톤[hackathon(일정 시간과 장소에서 프로그램을 해킹하거나 개발하는 행사)]에서 비롯된 기능이다.

'깨지지 않는 가치'로 승부하라

탈레브 교수는 《블랙 스완》의 후속작으로 《안티프래질: 불확실성과 충격을 성장으로 이끄는 힘(Antifragile: how to live in a world we don't understand)》을 내놓았다. '안티프래질'이란 '잘 깨지지 않는', '단단한'으로 번역할 수 있는데, 본문에서는 약점을 감추거나 피하지 않고 '단점을 반대로 유용하게 활용한다'는 정도로 해석된다.

그는 이 책에서 혁신은 안티프래질 상태로부터 발생한다고 주장한다. 본래 프래질(fragile)은 작은 변화에도 큰 상처를 입는, 유리잔 같은 성질을 의미한다. 유리잔은 사소한 충격에도 금이 가거나 깨지기 쉽다. 깨지기 쉬운 물건이나 변화를 싫어하는 사람이라면 당연히 좀 더 튼튼한 것을 선호하기 마련이다. 유리잔의 경우, 스테인리스 소재로 교체하면 문제는 간단히 해결된다. 단, 스테인레스의 경우 파손으로 인한 손해는 없지만 청량감과 같은 유리에서 얻을 수 있는 장점은 포기해야만 한다.

반면, 안티프래질은 변화에 의해 상처받는 일 없이 큰 이익을 얻는 것으로 이해할 수 있다. 탈레브 교수의 혁신론은 "안티프레질에 있어 부족한 대체물에 대한 이해[(Understanding is a Poor Substitute for Convexity(Antifragility)]"라는 제목으로 공개되어 있으므로 흥미를 가진 독자라면 한 번쯤 참조해 보길 바란다.

탈레브의 이론에서는 혁신이나 기술의 발전, 새로운 지식의 발견은 '좋은 블랙 스완'의 일종으로 여겨진다. 즉, 견고하고 잘 변하지 않는 성질(Antifragile)을 이용하는 것이 혁신을 발견하는 수단이 된다.

현실적으로, 대부분의 혁신은 학술적인 이론에서 상의하달식(top-down)으로 이루어지지 않는다. 오히려 세부적인 시행착오를 거쳐 중대한 결론에 도달하는(bottom-top) 과정 속에서 탄생한다.

그리고 시행착오 과정에서 일어나는 우연한 발견에서부터 새로운 혁신은 시작된다.

탈레브의 말에 따르면 "현실 세계의 변동성에 의해 발생하는 비대칭적인 (좋은) 블랙 스완이야말로 혁신"인 것이다.

한 가지 예로 페니실린의 발견을 꼽을 수 있다. 페니실린을 발견한 플레밍(Alexander Fleming)은 연구실을 청소하다 우연히 푸른 곰팡이를 발견하고, 그것을 배양하여 항균성을 가진 페니실린을 만들어 냈다. 그의 발견이 매우 중요하다는 사실에는 반론의 여지가 없다.

그러나 당시에는 플레밍을 비롯한 많은 사람들이 이 발견에 어떤 의미가 있는지 깨닫기까지 상당한 시간이 필요했다. 물론 시행착오를 통하여 거듭 실패를 경험했으며 그때마다 비용이 발생했다.

그런데 이때 실패에 따른 비용이 누적되어 점차 눈덩이처럼 불어난다면 문제가 있다.

탈레브는 "실패 비용은 소규모이며 예측 가능한 범위 안에서 벌어진다"고 설명했다. 그리고 또 "수익은 상한선이 정해지지 않은 채 비대칭적으로 발생하고 그것이 고스란히 이익으로 연결된다"는 조건도 제시했다.

말하자면 복권처럼 상한선이나 수익의 한계가 결정된 것은

'안티프래질'의 수익 방식이라고 말할 수 없다. 한계를 가늠할 수 없을 정도로 크게 이익을 내는 것이 안티프래질의 특성을 의식한 수익 방식이다.

따라서 예측 가능한 시행착오로 인해 발생하는 비용 대비 비대칭적으로 예측 불가능한 이득이 발생하는 경우 더 큰 수익을 거둘 수 있다. 탈레브는 이것을 "두드러진 부분 땜질하기(convex tinkering)"라고 불렀고, 그만의 혁신 방법이 되었다.

좋든 싫든 간에 현실은 항상 예상을 뛰어넘을 가능성을 내포하고 있다. 그리고 사람이 모든 세계를 파악할 수 없는 만큼, 미지의 영역은 항상 존재한다.

부정적인 미지의 영역에 대비하는 것은 위기 관리의 기본이겠으나, 긍정적인 미지의 영역에 기대하는 것은 혁신이다. 정확하게 말하자면 '예측 가능한 비용 범위 안에서 보다 긍정적인 미지의 영역에서 일어날 일을 기대하는 것'이 혁신을 가져올 확률이 더 높다는 것이다.

<u>예측할 수 없다면 예측할 수 없는 일을 이용하면 그만이다.</u> 이것이 탈레브가 강조하는 부분이다. 스타트업 역시 치열한 환경 변화 속에서 일어나는 세계의 불확실성을 활용하여 긍정적인 미지의 영역에서 조우하게 될 무언가를 기대하며 급성장을 이끌어 내는 존재인 것이다.

'횟수와 속도'는 조절할 수 있다

저명한 물리학자인 레오나르드 믈로디노프(Leonard Mlodinow)가 우연성에 관한 과학적 통찰에 대해 쓴 《춤추는 술고래의 수학 이야기(The drunkard's walk: how randomness rules our lives)》를 보면 이런 이야기가 나온다.

"내가 배운 것은 끊임없는 전진이다. 왜냐하면 언젠가는 우연이 본래 역할을 수행할 것이기 때문이다. 성공의 중요한 요소, 즉 타석에 들어서는 횟수와 위험을 감수하는 횟수, 기회를 잡는 횟수는 모두 우리가 조절할 수 있는 범위 안에 있다. 실패의 상징처럼 보이는 동전 던지기조차 때로는 성공을 거둔다. '만약 성공하고 싶다면 몇 배의 실패를 경험하라'는 IBM의 개척자, 토마스 왓슨(Thomas Watson)의 말처럼."

믈로디노프가 말한 대로 운은 조절할 수 없지만 도전하는 '횟수'는 우리 의사에 따라 얼마든지 조절 가능하다.

시행착오 횟수를 늘리면 늘릴수록 어떠한 일이 벌어져도 결코 당황하지 않는다. 그리고 안티프래질을 의식한 도전 횟수가 늘어나면 당연히 이익을 창출하는 스타트업, 즉 '좋은 블랙 스완'이 등장할 가능성은 높아진다.

덧붙이자면 우리는 한 번 도전할 때마다 그 '속도'도 조절할 수 있다. 예를 들어 가설을 검증하는 데 1주일이 걸린다면 연간 52회밖에 수행할 수 없다. 그러나 만약 검증 방식을 '해킹'하여 그 기간을 3일로 줄일 수만 있다면 1년에 120회 정도 검증을 수행할 수 있다. 속도라는 조절 가능한 조건을 의식함으로써 도전 횟수도 늘릴 수 있는 것이다.

물론 모든 도전이 소요 시간 단축으로 이어지지는 않는다. 하지만 조금만 머리를 쓰면 지금보다 빨리, 그리고 더 낮은 비용으로 도전이 가능하다. 도전의 양을 늘릴 수 있다면 결과적으로 운을 끌어당길 수 있게 되는 것이다.

'양'이 '질'을 낳는다

도전 횟수를 늘리면 다른 장점도 뒤따른다. 그것은 '양이 질을 만든다'는 사실이다.

기업가란 어떤 의미에서 예술가에 가깝다. 예술가를 소재로 쓰여진 데이비드 베일즈(David Bayles)와 테드 올랜드(Ted Orland)의 저서 《예술가여, 무엇이 두려운가(Art & fear)》를 보면, 예술가들이 빠지기 쉬운 불안과 그에 맞서는 방법에 대해 잘 알 수 있다. 본문에는 다음과 같은 재미있는 실험이 소개되어 있다.

어떤 강의를 듣는 클래스를 둘로 나누고 각각 다른 방식으로 항아리를 만들게 했는데, 각각 평가의 기준을 다르게 정했다.

1. 항아리의 '양(총 중량)'으로 성적을 주는 그룹
2. 한 개의 항아리의 '질'로 성적을 주는 그룹

언뜻 좋은 항아리를 만들 수 있는 쪽은 '질'로 평가하는 그룹일 것처럼 보인다. 그러나 결과적으로 높은 평가를 얻은 쪽은 '양'으로 성적을 준 그룹이었다.

그 이유를 살펴보자. '질'에 중심을 둔 그룹은 만들어진 항아리를 더욱 완벽하게 보이는 데 집중하느라 가치 있는 작품이 적었던 반면, '양'으로 승부한 그룹은 수많은 시행착오를 거쳐 작품 수준이 높아졌던 것이다.

'양'이 '질'을 만드는 또 다른 예는 얼마든지 있다.

아인슈타인은 248회, 다윈은 119회, 프로이트는 330회 논문을 썼다. 그리고 에디슨은 1093회에 달하는 특허를 따냈고, 바흐는 1000곡 이상, 피카소는 2만 점 이상의 작품을 남겼다. 이처럼 천재들조차 헤아릴 수 없이 많은 도전과 실패를 거듭하면서 수작을 탄생시켰다.

그리고 그들의 창조력에 관한 연구를 진행했던 사이몬튼(O. Carl Simonton)에 의하면 낮은 수준의 작품을 다수 창작했던 기간과 뛰어난 작품을 완성한 기간은 사실 거의 일치한다고 한다. 다시 말해 천재라 불리는 사람들도 수작을 만들어 내기 위해서는 많은 실패를 거칠 필요가 있었다는 뜻이다.

그럼에도 불구하고 과학자의 경우 젊은 시절에 위대한 발견을 한 예가 많았다는 점을 들어 도전 횟수가 그토록 중요하다면 어째서 커리어가 부족한 시기에 그러한 업적을 쌓을 수 있었는지 의아해하는 독자들도 있을 수 있다.

최근 〈사이언스〉 지에 실린 통계 조사를 살펴보면, '젊었을 때 대발견을 한다'는 관점이 올바르지 않다는 것을 알 수 있다. 사실 과학적 발견을 담은 논문을 쓸 확률은 커리어 전체에서 일부분에 불과하다.

젊은 나이에 위대한 발견을 할 수 있었던 이유는, 단순히 과학자들이 그 시기에 논문을 다수 발표하는 경향이 있었기 때문이다. 논문 발표 횟수가 많아짐에 따라 업적을 달성할 가능성도 자연스레 높아진 것이다. 그 결과, 고령의 과학자가 업적을 남길 확률은 낮아진다고 한다.

즉, 시도하는 횟수가 중요하다. '질'을 높이고 '운'을 거머쥐기 위해 무조건 도전해 '양'을 늘릴 필요가 있다.

손해가 두려운가?

도전하지 않으면 아무것도 얻어지지 않는다. 그러나 그러한 상황을 알고 있더라도 도전에 나서지 않는 사람들이 많다. 왜 그럴까?

그 이유로 노벨 경제학상을 수상한 행동경제학자 다니엘 카네먼(Daniel Kahneman)이 지적한 '손실 회피성'을 들 수 있다. 사람은 누구나 손해를 두려워하고, 이득을 취하는 것보다 손실에 민감한 성향을 가지고 있다는 것이다.

다양한 실험에서 같은 크기의 이득과 손실을 비교해 보면 이득에 대해 손실에 따른 감정적인 충격은 1.5배에서 2.5배에 달한다는 사실을 알 수 있다. 특히 최초 손실에 대한 강도가 가장 높고, 이후 점차 완화되는 경향을 보인다.

인간은 도전하기 위해 필연적으로 감당해야 하는 금전적, 시간적인 손실을 과도하게 의식하기 때문에 첫 걸음을 떼는 일부터

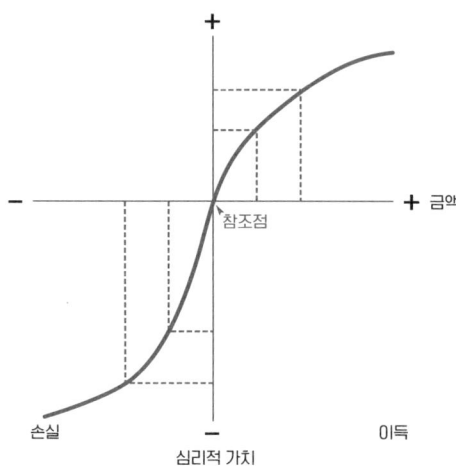

그림 12 손실 회피

회피하려는 경향이 있다. 이러한 손실 회피적 성향 역시 어떤 의미에서는 비선형적인 현상으로 나타나고, 역설적인 사실 중 하나라고도 할 수 있다.

그러나 이것은 일반적으로 주저할 수밖에 없는 도전에 직면하는 자체에 일정 부분 이점이 있다는 이야기이기도 하다.

사람은 실패로부터 많은 것을 배운다. 즉, 예측 가능한 범위 내에서 겪는 실패는 단순한 손실이 아닌 학습을 위해 필요한 대가인 셈이다.

실제로 성공 체험과 실패 체험에 따른 성과 향상 효과(실패 감소확률)를 비교해 보면, 후자가 훨씬 더 많은 영향을 끼쳤다는 연구 결과도 발표되었다. 성공보다는 실패에서 배우는 것이 더 크다는 것이다.

기회는 그리 많지 않다. 손해가 두려울지 모르지만 기회라는 확신이 든다면 그것에 도전하려는 태도가 운을 내 것으로 만들기 위한 지름길이다.

만약 예상대로 일이 진행되지 않더라도, 도전의 결과로 실패를 경험한 것만으로도 남들보다 지식적으로나 경험적인 면에서 앞서고 있다는 사실을 잊어서는 안 된다.

막대한 손실을 피하라

어떤 기술이나 비즈니스에 열의를 가지고 접근하더라도 타이밍이 적절치 않으면 크게 성장할 수 없다. 그런 의미에서 오랫동안 도전을 반복할 수 있는 토대를 만드는 것이 중요하다.

예를 들어 벤처캐피털로부터 자금을 조달한다는 것은 타인의 돈을 사용한다는 의미이다. 그 자금의 사용 방식이 지나치게 방만하다면 두 번 다시 제대로 된 투자를 받지 못하는 사태에 직면할 수도 있다. 도전할 기회가 사라지면 당연히 승리는 점점 더 멀어지게 된다.

유리한 타이밍이 올 때까지 근성 있게 버틸 수 있도록 대규모 손실을 피해야 한다. 대다수의 유명 기업가들도 실패한 역사를 가지고 있다. 그럼에도 성공할 수 있었던 비결은, 실패를 했어도 도전 가능한 상태를 유지했던 덕분이다.

허밍 부호(humming code) 발명으로 유명한 수학자, 리처드 허밍(Richard Humming)은 "위대한 업적을 남기려고 여러 개의 히트를 기록할 필요는 없다. 어떤 의미에서 방법은 간단하다. 오랫동안 살아남으면 된다"고 말한다.

만약 실패하더라도 그대로 주저앉지 않고 계속 도전한다면 언젠가 운은 돌아오게 되어 있다.

에어비앤비는 성장하기까지 약 1000일간 고군분투했으며, 스냅챗(Snapchat) 역시 제품 출시 첫 3개월간 다운로드 수는 127건에 불과했다.

스타트업은 하루아침에 성공을 거두지 않는다. 의욕을 잃지 않고 사업을 유지하면서 끈기 있게 도전을 계속하면서 '운'을 불러들이려 노력하는 것이 중요하다.

서로
돕는다는 것

'어떤 환경에 노출시킬 것인가' 역시 창업자의 중요한 자질 중 하나로 여겨진다.

실패를 인정하는 환경이나 실패할 조짐이 보일 때 서로 도울 수 있는 환경은 스타트업의 성공에 많은 영향을 끼친다.

스타트업은 새로운 가치를 만들어 내기 위해 노력하는 집단이다. 성숙한 시장에서 점유율을 나누어 갖는 '제로섬 게임[zero-sum game(한쪽의 이익과 다른 한쪽의 손실을 더하면 제로가 되는 게임)]'을 하고 있는 것이 아니다. 새로운 가치 창출에 상한선은 있을 수 없고, 성공하는 기업 수가 정해져 있지도 않다.

폴 그레이엄은 "만약 당신이 스타트업을 시작하고자 한다면 미처 깨닫지 못한 부분에서 시장 점유에 대한 오류(Pie Fallacy)를 반증해야 한다"고 말했다.

즉, 스타트업은 서로 시장 점유율을 빼앗기 위해 경쟁하고 있는 사람들이 아니라 서로 새로운 가치를 창출하여 시장 규모 자체를 키우려는 사람들이다.

스타트업끼리 도움을 주고받고, 서로 공헌하면서 모두가 새롭게 만들어 낼 가치를 최대한 성장시켜야 한다.

상호 지원을 계속 이어나간다면 만에 하나 자신의 사업이 실패하더라도 어딘가 급성장하고 있는 스타트업이 뒷받침해 주기 마련이다. 항상 일손을 필요로 하는 스타트업의 특성상 스타트업 경영자에게 실패 경험을 가진 회사의 구성원은 누구나 탐내는 인재다. 만일 기존에 쌓아 온 노력을 알고 있다면 그들은 한 치의 망설임도 없이 손을 내밀어 줄 것이다.

실제로 Y콤비네이터에서는 스타트업으로 실패를 경험했던 인재가 같은 시기에 창업한 스타트업에 스카우트되는 경우가 적지 않다.

따라서 같은 입장에 선 기업가들과의 교류를 소중히 여겨야 한다. 만약 가깝게 지내는 기업가가 없다면 기업가들이 많이 모이는 장소에 얼굴을 내미는 것도 하나의 선택지가 될 수 있다. 어떤 환경에 회사를 노출시킬 것인지 경영자의 판단에 따라 성공 확률도 확연히 달라진다. 긍정적인 '운'을 불러들이는 최고의 수단 중 하나가 될 수도 있다.

반복하지만, 스타트업은 제로섬 게임을 하고 있는 것이 아니다. 모두가 힘을 합해 스타트업 업계 전체가 새로운 가치 창출에 도전한다면 관계자 전원은 물론 세상에도 긍정적인 결과를 가져오게 될 것이다.

Chapter 4 정리

- 기업의 위기 관리법은 '하이 리스크, 하이 리턴'이 전부가 아니다. 현명한 방법이 존재한다.

- 안티프래질, 바벨 전략 등을 익힘으로써 불확실성과 취약성을 발전적인 방향으로 활용해야 한다.

- '운'은 도전하는 횟수에 따라 변한다. 그 횟수를 늘리기 위해서라도 도전 시기를 앞당기고 비용은 낮출 필요가 있다. 그리고 이러한 '속도'는 얼마든지 조정이 가능하다.

- 지속적으로 도전을 이어가기 위해서라도 '막대한 손실'을 최대한 피하려는 노력이 필요하다. 두 번 다시 도전할 수 없는 상황에 처하지 않도록 예측 가능한 범위 내에서 실패하는 것이 중요하다.

- 스타트업은 시장을 나누어 먹기 위한 게임을 하는 것이 아니다. 오히려 시장 규모 자체를 크게 확장시키려는 게임을 하고 있다. 주위의 기업가들과 협력하면서 새로운 가치를 창출해야 한다.

✔ 도쿄대학과 스타트업

현재 나는 도쿄대학에서 산학 공동 연구와 대학 내 스타트업을 지원하는 조직인 '산학협창추진본부'에 소속되어 활동하고 있다.

도쿄대학은 일본에서 최고 수준의 연구 성과와 인재를 보유한 것으로 정평이 나 있으며, 대학 내 스타트업을 가장 많이 배출한 대학이기도 하다.

노무라종합연구소의 조사에 따르면, 2015년 현재 대학 내 벤처기업의 수는 도쿄대학이 1위를 독주하고 있다. 2위인 교토대학에 비해 2배 이상의 격차를 벌리고 있는 상태다(<2015년 대학 내 벤처기업의 성장 요인과 시책에 관한 실태조사> 참조).

물론 스타트업은 질적인 면이 중요하고, 기업의 숫자 자체는 그다지 중요하지 않다. 그러나 그 숫자만큼 다양한 노하우가 도쿄대학 주변 스타트업 생태계에 축적되고 있는 것이 사실이다.

도쿄대학은 지금까지 오랜 시간에 걸쳐 스타트업 지원 환경을 충실하게 구축해 왔다.

내가 속한 도쿄대학 산학협력 창업추진본부에서는 산학 공동 연구 추진을 비롯하여 대학 내 스타트업 지원을 중심 업무로 수행하고 있다. 대학 내 스타트업이 입주하기 위한 시설인 '앙트레플래너 플라자(Entrepreneurs

Plaza)' 등을 갖추어 새롭게 창업한 스타트업을 다각적으로 지원하는 동시에, 교육면에서도 기업가 교육 등에 중점을 두고 실시하고 있다. 10년 이상 이어지고 있는 '앙트레플래너 도죠(道場)'에서는 이미 수많은 기업가와 사업가가 배출되고 있다.

그리고 도쿄대학 주변에서는 대학 이외의 스타트업 지원 활동이 점차 확대되는 추세에 있다.

대학 연구를 활용한 스타트업 투자 회사인 '주식회사 도쿄대학 엣지 캐피탈(edge capital)'을 비롯해 대학 내 지적 재산권을 관리하는 '주식회사 도쿄대학 TLO(Tech-nology Licensing Organization)' 등이 도쿄대학 관련 조직으로 10년 전부터 활동하고 있으며, 대학과 연계한 스타트업을 지원하는 노하우를 축적하고 있다. 뿐만 아니라, 최근에는 '도쿄대학 협창 플랫폼 개발 주식회사'라는 새로운 벤처캐피털도 활동을 시작해 대학의 연구 성과를 사업화하기 위한 위기 관리 자금을 공급하는 사례가 점차 늘고 있다.

자력으로 기업을 운영하면서 상장 경험을 가진 도쿄대학 출신의 개인 투자자들도 적극적으로 스타트업 지원과 투자에 앞장서고 있다. 이들은 엔젤 투자가로도 불리며 소액 투자와 동시에 기존 경험에 근거한 조언을 제공해 주는 역할을 수행한다.

학교에서 다소 거리가 먼 지방에서 기업을 운영하는 투자가들도 자신이 활동하는 지역의 후배 기업가들과 연계하여 노하우를 전수하고 있다.

특히 도쿄대학 주변 스타트업은 대학의 연구 성과와 첨단 기술을 중심으로 한 이른바 '하이테크 스타트업'이 대부분을 차지한다. 그 결과, 스타트업에 취직한 우수한 인재들이 도쿄대학 주변에 남아 있게 되면서 도쿄대학에서 기술을 전공한 학생들이 인턴으로 취업하는 등 교류가 이루어지고 있다. 이로써 학생들의 기술 수준 향상은 물론 연구에 활용할 만한 과제 발견 능력도 높아지는 선순환 효과가 나타나고 있다.

이처럼 대학이나 관련 조직, 민간 기업과 졸업생이 하나로 뭉쳐 미래의 스타트업 지원 환경이 조성되고 있는 것이 도쿄대학의 현주소다. 일본 국내에서 스타트업을 시작하고자 하는 젊은이가 있다면 도쿄대학에 진학하는 것이 가장 빠른 지름길이라고 해도 과언이 아니다.

나는 '노블레스 오블리주(noblesse oblige(재산, 권력, 사회적 지위에 걸 맞는 책임)]'를 실천하고 있는 미국의 최고 대학 출신 경영자들처럼, 도쿄대학 출신 기업가들도 일본의 젊은 세대에게 영향력을 확산시키고 있음을 실감하고 있다. 더불어 그 수단으로써 스타트업이라는 선택지는 가장 확실하고 효과적인 방법 중 하나라고 확신한다.

다양한 도전을 계속하고 있는 그들을 응원하면서 일본은 새로운 발전을 도모하게 될 것이다. 그리고 그에 따른 부를 창출하고 교육과 연구에 다시 투자함으로써 발전 속도는 더욱 빨라지리라 생각한다.

다만, 엘리트라 불리는 사람들은 새로운 비즈니스 창출이나 사회적 과제를 수행하는 데 서투른 경향이 있다. 특히 비즈니스 세계에서는 때때로 전투적인 자세가 필요하기 때문이다.

사회에 영향력 있는 기업을 만들고자 하는 사람이라면 '규칙 이외에 싸우는 방식'에 대해서도 배워 둘 필요가 있다. 그것은 일종의 야성적인 사고라고도 말할 수 있을 것이다.

이 책에서 소개한 사고법은, 조금만 발을 헛디디면 낭떠러지로 추락할 수 있는 환경(스타트업)에서 생존력을 키우는 야성의 사고법이다. 이러한 사고법을 젊은 인재들이 배우고 전하게 된다면 보다 많은 사회적 과제가 해결에 실마리를 풀게 되리라 믿는다.

직접 도전하지 못하더라도 스타트업을 이해하고 지원할 사람들이 많이 나타나야 한다. 그것이야말로 내가 이 책을 통해 스타트업의 역설적인 사고법을 다수에게 알리고자 하는 이유다.

Chapter 5

역설의
커리어 사고

드디어 마지막 장이다.

피터 틸이 "인생에서 가장 소중한 자산은 시간"이라고 지적한 대로, 우리는 모두 시간이라는 자산에 투자하는 투자가다.

본인에게 주어진 시간을 어떤 일에 사용하고 투자해 나갈지 생각할 때, 스타트업에 대한 벤처캐피털의 투자 전략을 이해하는 일은 앞으로 매우 유용하게 활용될 수 있을 것이다.

Chapter 5에서는 지금까지 설명한 스타트업 사고를 인생에 응용하면서 그 이해도를 높이고자 한다.

스타트업 사고를
커리어와 조화시킨다

최근 대기업이 대기업으로서의 위상을 유지하는 기간이 점점 짧아지고 있다는 사실이 통계에 의해 밝혀졌다.

예일대학의 리처드 포스터(Richard Foster) 교수가 2012년에 실시한 조사에 의하면, 'S&P 500'에 기업명이 실린 미국 500대 기업의 평균 수명이 50년 전에는 61년이었으나 이제는 18년에 불과하다고 한다. 그마저도 급속하게 줄어들고 있는 추세다.

같은 조사에서 2027년에는 75퍼센트의 기업이 해당 기업 명단에서 빠질 것이라는 예상을 내놓고 있다. 다시 말해, 운 좋게 우량기업에 취직했다 하더라도 오랜 기간 지위를 유지하는 것은 보장할 수 없다는 뜻이다.

이러한 상황에서 스타트업적인 사고는 개인의 커리어 전략에 매우 유용하다. 그 구체적인 방법 중 하나로, 스타트업처럼 앞으로 급성장할 업계에 속한 기업을 공략하는 것이다.

1990년대에 외국계 금융이나 IT기업에 입사한 사람들의 대부분은 평균 수준보다 많은 급여를 받고 있다. 물론 개인의 능력이 타인에 비해 높았기 때문이라고 생각할 수도 있지만, 그렇지 않은 경우가 더 많다. 어디까지나 성장을 거듭하는 초기 단계에 진입한 덕분이고, 결과적으로 많은 기회와 더불어 급여도 크게 올랐다고 보는 시각이 더 타당할 것이다.

그들의 선택이 단순이 '운' 덕분이었는지 단언할 수는 없다. 적어도 당시 해당 업계는 객관적으로 볼 때 다소 황당무계한 사업으로 치부되었을 확률이 높다. 그러나 그 황당한 아이디어와 선택이 옳았기 때문에 지금의 연봉이나 커리어에 반영된 것이다.

사람은 '현재' 인기 있는 업계나 회사를 선호하는 경향이 있다. 고학력자일수록 그런 경향은 더욱 뚜렷하게 나타난다. 피터 틸 역시 하버드대학 졸업생의 대다수가 현재 가장 촉망받는 업계를 선택한다는 조사 결과를 내놓기도 했다.

어쩌면 이것은 구조적인 문제에서 비롯되었을지 모른다. 재능이 풍부한 그들을 스카우트하려는 기업이 많으니 원한다면 어디든지 갈 수 있을 테고, 이왕이면 현 시점에서 가장 인기 있고 높은 급여를 보장하는 곳으로 옮겨 가는 것이다. 그리고 그 인기는 앞서 말한 조사대로 '현재'에 국한되었을 확률이 높다.

즉, 뛰어난 학생일수록 취업할 때 자신이 미래에 손해를 볼 수 있는 선택지를 제거하기 쉬운 환경에 놓여 있다. 예를 들어 한때 일본에서도 반도체 업계에 우수한 인재가 몰렸지만 지금은 업계 전체가 사양길에 접어든 상태다.

따라서 재능 있는 인재일수록 앞으로 어떤 방향으로 세계가 나아갈지, 본인이 하고자 하는 일은 무엇인지 고민하면서 장래를 결정해야 한다. 아무 생각 없이 흐름에 몸을 맡긴다면 장기적으로 손해 보는 선택을 할 수 있다. 물론 하고 싶은 일이 명확하다면 그 길을 선택해야만 할 것이다. 다만 결심이 확고하지 않은 경우에는 어느 업계가 안정되었는지, 혹은 어느 회사가 인기를 끌고 있는지보다는 스타트업적인 급성장을 이룰 곳을 기준으로 회사나 업계를 결정해 보는 것도 한 가지 방법이 될 수 있다.

그러기 위해서는 스타트업 아이디어를 찾을 때와 마찬가지로, '10년 후, 가치를 갖게 될 일은 무엇인가', '아직 체계는 잡혀 있지 않지만 가치 있는 일은 무엇인가'를 자문하거나 조언을 구해 볼 필요가 있다.

만약 그 과정에서 숨겨진 진실을 발견할 수 있다면 오랜 기간에 걸쳐 자신의 지위를 독점하면서 발생하는 이익을 얻을 수 있을 것이다.

인생의 바벨 전략과 안티프래질의 가치

예를 들어 공대 학생이 대기업 전자회사의 정직원

으로 취직한다면 언뜻 견실한 선택으로 비쳐진다. 실제로도 대개의 경우 안전하고 견실하다. 그것을 부정할 생각은 없다.

그러나 자신의 커리어와 시간을 한 회사에 온전히 투자한다면 회사 전체가 사정이 안 좋아지거나 곤경에 처하게 될 경우 다른 선택지가 사라질 위험성이 있다. 만일 중년의 나이에 상황이 나빠져 인원 감축 대상자가 되는 경우, 재취업이 어려워질 뿐 아니라 그대로 경력이 끝나 버리는 불상사도 충분히 일어날 수 있다.

경영 자체는 순풍에 돛단 듯 이루어진다고 해도 자연재해나 부정회계, 시스템 오류 등 우리가 관여하지도 않은 사정으로 인해 '나쁜 블랙 스완'이 발생하는 일도 적지 않다. 그런 경우 본인의 잘못이 전혀 없더라도 조직 전체가 인원 감축에 들어가는 등 비상사태에 직면할 가능성은 충분하다.

그렇다면 예측하지 못한 경력상의 블랙 스완에 대비하기 위해서는 어떻게 해야 할까?

이 문제를 생각할 때 지금까지 설명했던 '바벨 전략'이나 '안티프래질' 사고법이 큰 역할을 한다.

예를 들면 회사의 허락을 받는 범위 안에서 높은 성장 가능성을 내포한 일을 부업으로 선택한다면 결과적으로 자신의 커리어 자체를 '안티프래질'로 만들 수 있다.

단, 이때 부업으로 선택하는 것은 소소한 용돈 정도를 벌 수 있는 종류가 아닌, 비대칭적인 이득을 가져올 일이어야만 의미가 있다. 아인슈타인이나 카프카가 본인의 시간을 투자하여 후대에 길이 남을 위대한 연구나 소설을 완성할 수 있었던 것도 안티프래질의 성격을 띠는 부업 덕분이었다.

바벨 전략을 시간 투자에 도입해 보는 것이다. 시간의 90퍼센트를 안전하고 견실한 커리어로 쌓아 가면서 남은 10퍼센트를 좋은 블랙 스완에 적극적으로 할애하려는 자세는 커리어 면에서 위기 관리 전략의 하나로 충분히 검토할 만하다.

우연성과 불확실성, 무작위성, 예상 변동률을 즐겨라

스타트업은 좋은 블랙 스완이라고 설명한 바 있다. 세계에는 우리의 예측을 뛰어넘는 우연성과 불확실성이 존재하고, 그것이 좋은 방향으로 작용한 결과가 성공적인 스타트업이다. 다시 말해 스타트업을 시작한다는 것은 세계의 우연성과 적극성을 파악한다는 의미를 갖는다. 어쩌면 스타트업을 통해 우리는 세상의 우연성과 불확실성, 무작위성, 예상 변동률 등을 즐긴다는 사실을 비로소 세상에 드러낸 것일 수도 있다.

물론 예측 가능한 미래가 안정적이라는 이유로 최대한 예상 변동률을 억제하고 싶어 하는 사람도 있을 수 있다. 반면, 예측 가능한 미래 안에서 예상 변동률을 활용하려는 사람도 있다.

이것은 개인의 기호나 성격에 따라 큰 차이를 보인다. 그러나 일반적인 기준에서 보면 사람은 필요 이상 우연성이나 무작위성을 두려워하는 경향이 있다.

우리가 사는 세상에는 교통사고처럼 나쁜 우연이 있는가 하면 좋은 우연도 넘쳐난다. 그 결과, 예측하지 못했던 다양한 만남을 경험하게 된다. 간혹 한 글자 차이로 다른 이름 덕분에 친구가 되거나 원하지 않은 대학에 진학해 진심으로 통하는 친구를 사귀기도 하고, 입사한 회사에서 만난 여성과 사랑에 빠져 결혼에 이르기도 한다.

그런 의미에서, 일이라는 영역에서도 예측 범위를 뛰어넘는 우연성에 대해 어떤 태도를 취해야 할지, 조금은 다른 시각을 가져 볼 필요가 있다.

이를테면 커리어 이론으로 유명한 스탠퍼드대학의 크럼볼츠 (John D. Krumboltz) 교수도 계획적인 우발성 이론을 통해 우연의 중요성에 대해 강조하기도 했다.

물론 모든 일이 우연하게 이루어지는 않는다. 그래서 기업가들에게 '미래는 예측 가능하다'는 신념과 더불어 '예측할 수 없는 우연성과 무작위성을 즐기면서 대처한다'는 양극단적인 태도가 필요한지도 모른다.

이러한 태도는 폴 그레이엄이 기업가의 자질로 들었던 "끊임없는 자원을 가진 사람(Relentless Resourceful)"과도 일맥상통한다. 자신의 신념을 관철시키면서 우연에 대해서는 유연하게 대처해 나가는 것이야말로 진정한 기업가의 자질이다.

커리어의 무작위성

세계는 우연성과 무작위성으로 넘쳐나고 있다.

크리스 딕슨에 의하면, 기업가이며 벤처캐피털을 운영하는 안데르센 호로비츠(Andreessen Horowits)의 투자가 커리어에 있어서도 무작위성, 즉 랜덤의 특성을 유효하게 활용할 수 있다고 한다.

예를 들어 최적의 커리어를 찾고자 할 때 탐색 알고리즘 사고 방식을 활용하면 무작위성이 어떻게 효과적으로 작용하는지 알 수 있다.

가장 단순한 탐색 알고리즘이라고도 알려진 '산 오르기' 방법이 있다. 이 방법은 초기 지점을 설정한 뒤 주변을 살피면서 차례

그림 13 높은 산에도, 낮은 산에도 정상은 있다

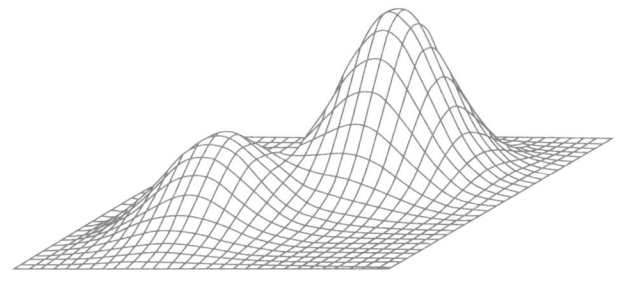

로 정상(지도상에서는 높게 표시되어 있는 쪽)으로 진행하는 탐색 알고리즘의 기본적인 사고법이다. 단, 올라가야 할 산이 복수일 경우 이 탐색 알고리즘에서는 부분적인 해답, 즉 국소최적해(局所最適解)에 머무를 가능성이 있다. 예를 들어 그림 13에서처럼 초기 지점을 정하는 방식에 따라 상층부로 향할 때 낮은 산을 선택하는 바람에 가장 높은 산을 제대로 알지 못한 채 작은 산의 정상에서 멈춰 버리는 국소안정(局所安定) 상태에 빠지는 것이다.

그 대응책으로는 탐색 초기에 무작위로 몇 개의 지점을 정한 뒤 그중에서 가장 높은 지점에서 위로 올라가기 시작하는 방식이 효과적이라고 알려져 있다. 그리고 때로는 산을 내려오는, 즉 좋지 않은 방향으로 진행되는 상황을 이해하는 편이 계산량이

많아지기 때문에 높은 산을 찾기 쉽다.

처음 선택한 산, 커리어로 말하면 첫 직장에서 그대로 올라가다 보면 자신에게 있어 부분적인 해답(국소최적해)에 만족할 위험성이 있다. 따라서 초기 커리어에 무작위성을 도입하여 다양한 분야에서의 가능성을 두루 시험해 보는 것이 본인에게 맞는 분야(최적해)를 찾기 쉽게 하는 힌트로 작용할 것이다.

구글의 인사 부문을 담당하고 있는 라즐로 복(Laszlo Bock)도 지금까지 수만 명에 달하는 이력서를 읽고 면접을 해 온 경험을 근거로 '30세까지 전문 분야는 필요치 않다'고 말했다. 더불어, 커리어를 쌓기 시작한 뒤 10년간은 여러 회사에서 근무하면서 커리어를 쌓아 볼 것을 추천했다.

만약 그런 방법이 여의치 않다면 부업을 갖거나 전혀 다른 직업에 도전해 보고, 혹은 스타트업을 창업함으로써 커리어에 무작위성을 도입하는 것도 고려해 볼 만하다. 이탈리아 카타니아대학의 플루치노(Alessandro Pluchino) 교수팀이 이그 노벨상[Ig Nobel Prize(하버드대학에서 참신하고 기발한 연구나 업적에 주는 상)]을 획득한 연구에서도 승진 과정에는 시기에 따라 무작위성을 도입하는 것이 효과적이라는 사실이 확인되었다. 무작위성이 부정적인 결과만을 초래하지 않는다는 반증인 셈이다.

스타트업은
쉽게 권할 수 없다

지금까지 스타트업과 연관된 다양한 사고법에 대해 설명했다. 아마도 대부분의 독자들은 내가 창업을 권하는 것으로 오해할 수도 있다. 개인적으로, 스타트업은 아무에게나 쉽게 권할 수 있는 선택지는 아니라고 생각한다.

스타트업을 시작하게 되면 거의 예외 없이 엄청난 스트레스에 시달리게 된다. 실제로 실리콘밸리에서는 기업가의 우울증이 사회 문제로 떠올랐을 정도다(재미있는 것은 그 문제를 해결하기 위해 창업한 정신과 스타트업이 다수 존재한다는 사실이다).

스타트업은 어디까지나 아이디어를 실현하기 위한 수단일 뿐이다. 스타트업을 위해 스타트업을 시작하려는 것은 그다지 좋은 생각이 아니다.

샘 앨트먼은 무언가 실현하고자 하는 일이나 아이디어가 있어서 스타트업을 시작한다면 성공률이 더 높아질 것이라고 조언한 바 있다.

사실 Y콤비네이터에서는 아이디어를 갖고 있지는 않지만 일단 뛰어난 인재를 모아 사업적 힌트를 준 뒤 스타트업을 창업하도록 하는 실험을 진행한 적이 있었는데, 대부분 실패했다. 어떻게 해서든 시도해 보고 싶은 아이디어가 있고 그것을 실현하는 방법이 스타트업뿐이라면 창업을 검토해도 되겠지만, 그렇지 않은 경우에는 적극적으로 권할 만한 선택지는 아니라는 것이 개인적인 견해다.

그리고 만약 <u>스타트업을 시작한다면 회사로 조직을 키울 때까지 충분한 여유를 두는 것이 중요하다.</u>

일단 회사로 규모를 갖추려면 여러 가지 수속과 배경 업무가 필요하다. 뿐만 아니라 '직원을 몇 명 고용하는지'를 놓고 회사 간에 경쟁의식이 생겨나거나 '회사니까 돈이 드는 것은 당연하다'고 생각하기 쉽다. 또한 쉽게 정리할 수 없다는 단점도 있다. 어떤 경우에는 규모를 유지하는 것이 회사의 목적으로 변질되어 제품을 만들어 내기보다는 위탁 업무 등으로 근근이 버티는 곳도 있다.

반면, 회사를 세울 때까지의 기간을 충분히 확보하면, 귀찮은 수속을 피하면서 제품 체험 개발에 집중할 수 있다. 회사는 필요성을 절감한 뒤에 시작해도 결코 늦지 않다. 물론 기업 자체를 운영하고 싶은 마음에 시작한다면 굳이 그만둘 이유는 없다.

단, 실패하더라도 스타트업으로 인해 최소 3, 4년 정도는 손해를 볼 수 있다는 사실을 감안해야 한다. 성공하는 경우에는 10년 이상 자신의 시간을 투자해야 할 수도 있다.

일련의 상황을 충분히 이해한 뒤에, 인생의 한 부분을 걸고서라도 시도하고 싶은 아이디어로 스타트업을 시작한다면 후회하지 않는 커리어로 이어질 수 있을 것이다.

스타트업에 대해
모두 알 필요는 없다

본격적으로 스타트업을 시작하려고 할 때 필요한 것은 사실 스타트업에 대한 지식이 아니다. 스타트업과 관련된 지식을 많이 쌓아 놓을 필요는 없다. 자금 조달이나 우선주(優先株)와 같은 스타트업의 부수적인 내용을 잘 알지 못하더라도 충분히 성공할 수 있다.

예를 들어 미국에서 스타트업은 주로 회사 설립 절차가 간단하고 세제 특혜가 많은 델라웨어 주에서 이루어진다. 그러나 페이스북은 처음 플로리다 주에서 시작되었다. 지금의 위치로 이전하기까지 우여곡절을 겪었지만 페이스북은 여전히 성공한 기업으로 자리매김하고 있다.

페이스북이 큰 성공을 거둘 수 있었던 이유는 뛰어난 제품을 보유하고 고객을 제대로 파악하고 있었기 때문이다. 스타트업을 시작하는 사람은 스타트업이나 회사에 대해 공부하기보다는 고객의 과제나 고객이 무엇을 원하는지 배우려고 해야 한다. 그 밖의 일은 그다지 중요하지 않다.

'회사 놀이'를 하고 싶은 사람들은 자금 조달이나 우선주의 구조 등을 알려고 한다. 그러나 그것은 신뢰할 수 있는 전문가에게 맡기면 되고, 일반적인 사례에 따라 처리하면 해결할 수 있다.

정말로 좋은 제품을 만들 수만 있다면 나머지 부수적인 일을 도와줄 사람은 얼마든지 있다. 현재 일본에도 믿을 만한 서적과 지원자가 늘어나고 있는 만큼 노하우도 쌓여 가는 상태다.

특수한 경우를 제외하면 스타트업에 필요한 기본 항목이나 방법 등은 관련 기관과의 상담을 통해 어느 정도 해결할 수 있다. <u>창업자에게 주어진 임무는 고객에게 사랑받는 제품을 만들고, 제품을 지속적으로 발전시키기 위한 조직을 만드는 일이다.</u> 창업자는 자신만이 해결할 수 있는 일에 집중해야 한다.

하고 싶은 일은
해 보지 않으면 알 수 없다

'스타트업을 시작하고 싶지만 특별한 아이디어가

없다'고 말하는 사람이 많다. 사실 거의 대부분의 창업 희망자가 그렇다. 스탠퍼드대학 테크노 벤처 프로그램을 담당하고 있으며, 베스트셀러《스무 살에 알았더라면 좋았을 것들: 스탠퍼드대 미래인생 보고서(What I wish I knew When I was 20)》의 저자인 티나 실리그(Tina Seelig)는 다른 저서[《시작하기 전에 알았더라면 좋았을 것들: 스탠퍼드대 미래실행 보고서(Insight Out)》]에서 다음과 같이 이야기하고 있다.

"행동으로 인해 정열이 생기는 것이지, 정열이 있는 상태로 행동하는 것은 아니다. 정열은 경험을 통해 육성된다. 바이올린 연주를 들어 보지 않으면 클래식 음악을 즐길 수 없는 것처럼, 공을 차 보지 않고서는 축구를 잘할 수는 없다. 계란을 깨 보지 않고 요리를 좋아할 수 없는 이치와 같다."

마크 주커버그(Mark Zuckerberg)도 회사를 만들고 싶어서 페이스북을 시작한 것이 아니다. 그는 예전에 자신의 성공에 대해 '단순히 멋진 것을 만들고 싶었다. 그것을 성장시키는 과정에서 세계인을 연결시키는 사명에 눈뜨게 되었다'고 고백한 적이 있다.

보통 사람은 자신이 정열을 쏟을 만한 대상을 찾아 열중하고 싶어 한다. 자아를 찾는 여정에 시간을 투자하는 사람이 적지 않다는 것만 보아도 그런 경향을 엿볼 수 있다. 그러나 그 방법이 제대로 효력을 발휘하고 있는지는 미지수다.

역설적이게도, 정열을 쏟을 대상을 발견하려면 무엇이든 시작하는 것이 중요하다. 정말로 하고 싶어 하는 일은 일단 시도해 보지 않고서는 알 수 없기 때문이다.

우선은 도전을 시작해 보자. 특히 뭐든 만들어 볼 것을 권하고 싶다.

먼저 사이드 프로젝트부터 시작하라

만약 어떤 일을 시작하고 싶다면 의욕적으로 규모를 늘린 상태보다는 부업과 같은 형태가 낫다. 몸집이 커진 스타트업 중 몇 퍼센트는 처음에는 아주 사소한 사이드 프로젝트(Side Project)로부터 시작되었다.

페이스북은 하버드대학 학생에 의한 사이드 프로젝트였고, 트위터 역시 창업자들이 오데오(Odeo)라는 팟 캐스트 서비스를 만들면서 진행했던 사이드 프로젝트에서 비롯되었다.

슬랙도 게임을 만드는 과정에서 만들어진 사내(社內) 커뮤니케이션 툴이었다. 소프트웨어 개발 프로젝트를 위한 공유 웹 서비스인 깃허브(GitHub)도 처음에는 사이드 프로젝트로 출발했다. 지금은 드론의 최대 제작회사인 대강 창신 과기 유한공사(DJI Technology)도 초창기에는 대학을 막 졸업한 창업자가 학생 시절에 참가했던 헬리콥터 비행 제어 프로젝트의 연장선상에서 사업을 시작했다가 지금의 위치에 올랐다.

만약 스타트업이 어디에서 왔는지 알고 싶다면 경제적인 증거를 확인해 보면 된다. 가장 성공한 스타트업의 역사는 대개 창업자들이 가장 흥미로워 하는 사이드 프로젝트로 시작되어 자연스럽게 성장했다.

애플, 야후, 구글, 페이스북 모두 그렇게 시작되었다. 이들 중 어느 것 하나 처음부터 회사 규모로 키울 의도는 없었다. 그저 단순한 사이드 프로젝트에 불과했다.

가장 바람직한 스타트업은 사이드 프로젝트로 시작되어야만 한다고 말할 수 있을 정도다. 뛰어난 아이디어는 정직한 사고법으로는 쓸모없는 아이디어라 느껴질 만큼 엉뚱한 성질을 갖고 있기 때문이다.

먼저 회사로 모양새를 갖춘 뒤 제품을 만들려는 경우, 회사를 유지하기 위해 일단 돈이 될 만한 아이디어부터 행동으로 옮기기 마련이다. 또한 실패를 극도로 두려워하게 된다. 그런 상황에서 부담은 날로 가중될 것이므로, 역설적인 아이디어에는 좀처럼 도전할 수 없게 된다.

그러나 만약 사이드 프로젝트라면 '실패해도 괜찮은 것'으로 생각되어 위험성이 높은 아이디어도 쉽게 실행 가능하다. 게다가 주변 사람들이 모두 실패할 것이라고 예상한 일에도 도전해볼 수 있다.

실패했을 경우에도 그 정도는 그다지 큰 손실을 동반하지 않는다. 그렇기 때문에 사무실 등을 임대하지 않는다면 큰돈이 들어갈 일도 없다.

작은 성공에 그치는 한이 있어도 사이드 프로젝트로 성공을 거둘 수 있다면 실제로 창업할 때 자금 조달도 간단해질 뿐만 아니라 지원해 줄 사람들도 늘어날 것이다.

<u>스타트업으로 큰 성공을 거두고자 한다면 처음부터 규모를 갖추려고 하지 말고 우선 사이드 프로젝트로 시작해라.</u> 그것이 가장 바람직한 스타트업 창업 방식이며, 동시에 진심으로 원하는 일을 찾는 수단이다.

스타트업을 '실행'하라

스타트업을 배우고자 한다면 스타트업을 시작하는

것이 가장 빠른 방법이다.

최근 기업이 어떤 상징성을 갖거나 기업가가 스타 대접을 받는 일이 늘어나면서 '기업 세미나'도 넘쳐나고 있다. 성공한 사람들이 자신의 노하우를 소개하는 행사가 다수 개최되고, 기업이나 스타트업과 관련된 책도 엄청나게 출간되고 있다.

이 책 역시 그러한 흐름 속에 있다. 그러나 중요한 포인트는 이와 같은 기회를 통해 얻을 수 있는 지식이나 정보가 아니다. 스타트업의 창업자에게 필요한 것은 어디까지나 자신이 타깃으로 생각한 고객에 대한 지식이며, 고객에게 사랑받는 제품을 만들 수 있는 능력이다.

스타트업을 성공시키고자 한다면, 역설적인 사실을 있는 그대로 이해하고 계속해서 행동으로 옮기는 수밖에 없다. 결국 <u>스타트업을 배우는 지름길은 스타트업을 시작하는 것</u>이다.

소수의 멤버로 구성된 팀을 만들어 오직 그 팀만이 창출 가능한 소중한 진실과 아이디어로 고객에게 사랑받는 제품을 만들어 내야 한다. 회사의 형태에 연연할 필요는 없다. 성공할 조짐이 보일 때 그대로 진행하되, 어느 정도 시간이 흐른 뒤 기업으로 키우면 된다.

이미 '불합리한 아이디어'나 '찬성하는 사람이 거의 없는 진실'에 눈떴다면 이 책을 버리고, 지금이라도 당장 제품을 만들어 보자. 그리고 고객과 이야기를 나누자.

　먹고, 자고, 운동하면서 오랫동안 도전을 계속할 수 있는 체력을 비축하자. 반대로 말하면 그것 이외에는 아무것도 필요치 않다.

　그렇게 해서 누군가와 무언가를 만들어 내자. 실패하더라도 포기하지 말고 몇 번이고 시행착오를 거듭하자. 행동의 연속이야말로, 스타트업의 성공에 가장 필요한 사고법이다.

끝머리에

현재를 사는 우리가 할 수 있는 일

도전하는 것 자체는 시간과 상관없이 누구나 가능하다. 스타트업 역시 나이에 상관없이 시작할 수 있다.

단, 개인적인 환경이나 살고 있는 국가에 따라 도전하기 쉬운 시기가 있긴 하다. 체력이 충분하고, 부양할 가족이 없어 낮은 수입으로도 생활이 가능한 젊은이들이 스타트업에 확실히 유리하긴 하다.

최근 일본의 기업 환경은 점차 좋아지고 있다. 예를 들어 스타트업을 향한 주목도가 높아진 결과, 그에 대한 투자나 지원도 해마다 눈에 띄게 늘어나는 추세다. 이런 증가세가 언제까지 이어질지 알 수 없지만, 적어도 앞으로 한동안은 계속될 전망이다.

일련의 상황을 미루어볼 때, 현재 일본에 살고 있는 젊은이들에게 있어 스타트업에 도전하기 쉬운 타이밍이 도래하고 있는 것만큼은 확실하다.

그러나 한편으로는 미래의 스타트업 환경면에서는 다소 비관적인 부분이 존재하는 것도 사실이다. 최근 거의 매일 미디어를 통해 국제 사회에서 일본의 과학적, 경제적 지위 하락이 보도되는 상황에서 낙관적인 전망을 갖기 어렵다. 비관적인 의견이 지배적인데다, 이대로 국가 자체가 가진 여력이 부족해진다면 실패를 허용할 수 없는 사회가 되어 도전은 점점 더 요원해질 것이다. 실패에 엄격한 환경으로 변할수록 스타트업처럼 실패할 가능성이 높은 도전은 물론이고 혁신도 힘들어진다.

일본의 재정 압박이 이대로 계속 심화된다면 도전을 허용하지 않는 기조가 굳어지기까지 남은 시간은 얼마 없다.

이와 같은 기업 환경 개선과 일본이라는 나라에 남겨진 시간적 여유를 고려하면 스타트업에 도전할 최적의 타이밍은 바로 '지금'이다. 지금이라면 아직 여력이 있다. 즉, 몇 년 안에 혁신을 일으키고 급속도로 성장할 사업을 시작하지 않으면 나라는 쇠퇴하고 다양한 사회적 과제가 발생하여 우리 생활을 서서히 괴롭히게 될 것이다.

그러나 만약 지금 누군가가 창업한 스타트업이 크게 성장한다면 그것은 많은 사람들에게 있어 희망의 등대가 될 것이다. 지난 세대가 일구어 놓은 제조업이 일본인의 자랑이었던 것처럼 현재를 살고 있는 우리 세대도 새로운 산업이나 사업을 일으켜 희망과 자부심을 갖게 할 필요가 있다.

누군가의 도전으로 살기 좋은 세상이 된다

일본뿐만 아니라 세계에는 많은 과제가 아직 해결되지 않은 채 남겨져 있다. 비관적인 뉴스는 사람들의 뇌리에 강하게 남는 경향이 있기 때문에 세상이 비참한 사건으로 가득한 것처럼 느끼게 만든다.

하지만 세계는 이전에 비해 압도적으로 좋아지고 있다. 예를 들어 불과 200여 년 전인 1820년, 인간의 평균 수명은 35세 이하였으며, 94퍼센트가 '절대적 빈곤'에 시달렸다. 현재 인간의 평균 수명은 70세를 넘겼고 '절대적 빈곤'에 해당하는 비율은 9.8퍼센트에 지나지 않는다. 그리고 선진국에서 살아가는 우리들은 과거 억만장자의 상징이었던 록펠러(John Davison Rockefeller)보다도 여유롭고 풍족한 삶을 영위하고 있다.

매트 리들리(Matt Ridley)는《이성적 낙관주의자: 번영은 어떻게 진화하는가(The Rational Optimist)》에서 인류의 번영은 '절약한 시간'에 의해 측정해야 한다고 적고 있다. 세탁을 하거나 물과 음식을 확보하기 위해 많은 시간을 소모해야 했던 과거 세대에 비해 지금의 인류는 그 시간만큼의 여유와 자아실현을 위한 시간을 가질 수 있게 되었다. 현대인이 인류 역사상 최고의 번영을 구가하고 있는 세대라고 해도 과언이 아니다. 물론, 과학 발전에 따른 새로운 과제로 기후 변화나 유행성 질환의 위험성은 높아졌다. 세계 인구 증가에 따른 에너지 고갈과 식량 문제 역시 앞으로 더욱 심화될 것이다.

그럼에도 불구하고 비관적인 일만 일어나고 있지는 않다. 앞서 예를 든 것처럼 착실하게 바람직한 방향으로 나아가고 있다. 그리고 그것은 지금까지 한 사람, 한 사람이 도전을 거듭한 결과다.

특히 최근 100년간 과학 기술의 발전은 긍정적인 변화의 원동력이었다. 그리고 코앞에 닥친 문제를 지식과 경험으로 해결해 나가는 사람들이 있었다.

그러한 역사를 돌이켜 본다면 우리는 지금보다 더 낙관적인 합리주의자가 될 수 있다. 특히 과학 기술을 향한 신뢰는 한층 더 견고해질 필요가 있다. 그리고 과학이나 공학이라는, 인류의 축적된 지식을 활용한 혁신에 다 같이 동참해야 할 것이다.

나는 합리적인 낙관과 미래에 대한 확신에 근거한 새로운 도전이 혁신을 가속화시킨다고 믿는다. 그러기 위해서는 도전하는 사람들이 필요하고, 그 도전의 대부분이 실패할지라도 그들을 지원하는 장치는 반드시 존재해야 한다.

적은 인원으로도 세상을 바꿀 수 있다

과거 기계의 발달이 인간과 동물의 육체적 노동을 획기적으로 감소시켰던 것처럼, 앞으로는 AI나 로보틱스가 지적 노동을 자동화시킬 것이다. 이들의 능력을 효율적으로 사용한다면 이전보다 적은 인원으로도 회사를 가동시키고 세계에 영향을 끼치는 일이 가능하다.

사실 이 책에서 예로 들었던 스타트업은 급속한 성장뿐만 아니라 기존에 비해 확연히 줄어든 인원수로 더 많은 가치를 만들어 냈다는 특징이 있다.

여러 차례 언급했던 에어비앤비는 약 13만 2000여 명의 정직원을 고용하고 있는 세계 최대의 호텔 체인인 힐튼(Hilton) 그룹보다 많은 객실을 대여하고 있다. 그런 에어비앤비의 정직원 수는 2015년 현재 약 800명에 불과하다. 또한 젊은 층을 중심으로 유행하고 있는 인스타그램은 창업 1년 후인 2012년 봄 약 810억 엔에 페이스북에 매각되었는데, 당시 직원 수는 13명이었다.

이들은 기존의 비즈니스에 비해 압도적으로 적은 인원으로 큰 가치를 창출한 대표적 사례다. 물론 소프트웨어 기업이기 때문에 그런 일이 가능했다고 생각하는 사람도 있을 것이다. 그러나 지금은 하드웨어 관련 기업도 적은 인원으로 많은 것을 만들어 낼 수 있는 환경이 조성되어 있다.

여객기를 제작하는 붐(Boom)이라는 회사는 11명의 직원으로 버진(Virgin) 그룹으로부터 약 2240억 엔에 달하는 계약을 따낸 바 있다. 한편, 자동 운전 기술을 개발한 크루즈 오토메이션이라는 스타트업은 창업 2년 만에 제너럴 모터스에 1130억 엔이 넘는 금액으로 매각되었다. 당시 사원수는 40여 명에 불과했다.

지금 우리는 개개인에게 상상하지 못할 정도의 잠재된 역량이 있음을 잊지 말아야 한다. 그리고 그 능력을 이용한다면 소수의 힘으로도 대기업에게 뒤지지 않는, 세계를 변화시킬 만한 가치를 만들어 낼 수 있다.

앞서 '첫 머리에'에서도 말했지만 우리는 단기적이면서도 소수의 인원으로 세계에 큰 영향을 준 서비스나 제품에 둘러싸여 있다. 게다가 그 대부분은 창업자가 2, 30대에 만든 것이고, 그것을 만들 때만해도 그들은 평범한 사람들이었다.

'그들이 해냈는데 우리가 못할 이유는 없다'는 말을 자주 듣게 되는 이유도 그 때문이다.

'할 수 있다'는 확신을 가질 만한 근거가 부족할 수도 있다. 하지만 못할 이유도 없다.

아무것도 아닌 우리들이기에 아직 기회는 있다.

참고자료

첫 머리에
·Edward B. Roberts, Fiona Marray, and J. Daniel Kim, Entreppreneurship and Innoation at MIT Continuing Global Growth and Impact
http://entreppreneurship.mit.edu/wp-content/uploads/MIT-Entreppreneurship-Innoation-Impact-report-2015.pdf

서문
·Vitaly M. Golomb, Accelerator Are The New Business School.
http://techcrunch.com/2015/07/11/accelerator-are-the-new-business-school/
·Carl Benedikt Frey, Michael A. Osborne, THE FUTURE OF EMPLOYMENT: HOW SUSCEPTIBLE ARE JOBS TO COMPUTERISATION?
http://www.oxfordmartin.ox.ac.uk/downloads/academic/The_Future_of_Employm-ent_pdf#search=%27The+Future+of+Employment%27
·Yalman Onaran, Half a Million Bank Jobs Have Vanished Since 2008 Crisis.
https://www.bloomberg.com/news/articles/2015-12-31/half-a-million-bank-jobs-have-vanished-since-2008-crisis-chart
·《기계와의 경쟁(Race Against The Machine)》, 에릭 브린욜프슨(Erik Brynjolfsson), 앤드류 매카피(Andrew McAfee)

Chapter 1
·《실리콘밸리 최강의 스타트업 양성스쿨(Combinator)》, 랜달 스트로스(Randall Stross)
·《해커와 화가: 컴퓨터 시대의 창조자들(Hackers & painters: big ideas from the computer age)》, 폴 그레이엄(Paul Graham)
·《제로 투 원(Zero to One)》, 피터 틸(Peter Thiel), 블레이크 매스터스(Blake Masters)
·반전문성(Antidisciplinary)
https://joi.ito.com/we-blog/2014/10/02/antidisciplinar.html
·Brain Uzzi, Satyam Mukherrjee, Michael Stringer, Ben Jones, Atypical Combinations and Scientific Impact.
http://science.sciencemag.org/contend/342/6157/468
·Sam Altman, Black Swan Seed Rounds.
http://blog.samaltman.com/black-swan-seed-Rounds
·《테크니움(Technium)》, 케빈 켈리(Kevin Kelly)

·cdixon blog, The Babe Ruth Effect in Venture Capital.
http://cdixon.org/2015/06/07/the-babe-ruth-effect-in-venture-capital/
·Relentlessly Resourceful.
http://www.paulgraham.com/reles.html
·Play Bigger.
http://www.amazon.co.jp/dp/B101PlF952/
·Paul Graham, Relentlessly Resourceful.
http://www.paulgraham.com/reles.html

Chapter 2

·《마이클 포터의 경쟁전략(Competitive strategy: techniques for analyzing industries and competition)》, 마이클 포터(Michael Porter)

·CLAIRE CAIN MILLER, Google Ventures Stresses Science of Dael, Not Art of the Deal.
http://www.nytimes.com/2013/06/24/technology/venture-capital-blends-more-data-crunching-in-to-choice-of-targets.html

·Paul Graham, How to Be an Experts in Changing World.
http://www.paulgraham.com/reles.html

·《블루오션 전략(Blue Ocean Strategy: Expanded Edition)》, 김찬위, 르네 마보안(Renee Mauborgne) 저

·《하버드 비즈니스스쿨이 가르쳐 주는 고객 서비스 전략(Uncommon Service)》, 프랜시스 프레이(Frances Frei), 앤 모리스(Anne Moriss)

·《오리지널스: 어떻게 순응하지 않는 사람들이 세상을 움직이는가(Originals: How Non-Conformists Move the World)》, 애덤 그랜트(Adam Grant)

·《창의성을 지휘하라(Creativity, Inc)》, 에드 캣멀(Ed Catmull), 에이미 월러스(Amy Wallace)

·《구글은 어떻게 일하는가(How Google Works)》, 에릭 슈미트(Eric Schmidt), 조너선 로젠버그(Jonathan Rosenberg), 앨런 이글(Alan Eagle)

·《당신의 경쟁전략은 무엇인가(Understanding Michael Porter)》, 조안 마그레타(Joan Magretta)

Chapter 3

·Carmen Nobel, Why Companies Fail-and How Their Founders Can Bounce Back.
http://hbsk.hbs.edu/item/why-companies-failand-how-their-founders-can-bounce-back

·The Top 20 Reasons Startups Fail.
https://www.cbinsights.com/blog/startup-failure-reason-top/

·Astro Teller, The Secret to Moonshots? Killing Our Projects.

https://backchannel.com/the-secret-to-moonshots-killing-our-projects-49b18dc7f2d6#.n20eh4hj7

·Sam Altman, Before You Grow.

http://blog.ycombinator.com/before-you-grow/

·《린 분석(Lean Analytics)》, 앨리스테어 크롤(Alistair Croll), 벤저민 요스코비츠(Benjamin Yoskovitz)

·Sam Altman, Startup Playbook.

http://playbook.samaltman.com/

·Micharl Seibel, The Scientific Method for Startups.

https://blog.ycombinator.com/the-scientific-method-for-startups/

·Note Essays-Peter Theil's CS183: Startup-Stanford, Spring 2012.

http://blackmasters.com/peter-theils-CS183-Startup

·《HARD THING: 경영의 난제, 어떻게 풀 것인가(HARD THING about The Hard Things])》, 벤 호로비츠(Ben Horowitz)

·《서비스 사이언스에 의한 고객 공동 창업형 IT비즈니스(サービスサイエンスによる顧客共創型ITビジネス)》, 스와요시 타케(諏訪良武), 야마모토 마사키(山本政樹)

·Sam Altman, How to Start a Startup Lecture.

http://startupclass.samaltman.com/courses/lec19/

·THE LEAD RESPONSE MANAGEMENT ORG, LEAD RESPONSE MANAGEMENT STUDY OVER VIEW.

http://www.leadresponsemanagement.org/lrm_study

·David Skok, Managing Costomer Success to Reduce Churn.

http://www.forentrepreneurs.com/customer-success/

·Paul Graham, Things That Don't Scale.

http://http://www.paulgraham.com/ds.html

Chapter 4

·《억만장자 효과: 왜 뛰어난 인재는 조직을 등지고 떠나는가?(The Self-made Billionaire Effect)》, 존 스비오클라(John Sviokla), 미치 코헨(Mitch Cohen)

·《블랙 스완(Black Swan)》, 나심 니콜라스 탈레브(Nassim Nicholas Taleb)

·《춤추는 술고래의 수학 이야기(The drunkard's walk: how randomness rules our lives)》, 레오나르드 믈로디노프(Leonard Mlodinow)

·《예술가여, 무엇이 두려운가(Art & fear)》, 데이비드 베일즈(David Bayles), 테드 올랜드(Ted Orland)

·Quantifying the evolution of indivisual scientific impact.

http://science.sciencemag.org/content/354/6312/aaf5239

·《비즈니스 스쿨에서는 배울 수 없는 세계 첨단의 경제학(ビジネススクールでは学べない 世界最先端の経営学)》, 이리야마 아키에(入山章栄)

·You and Your Research.

http://cs.virginia.edu/~robins/YouAndYourResearch.html

·생각에 의한 생각 [원제: Thinking, Fast and Slow)》, 다니엘 카네먼(Daniel Kahneman)

Chapter 5

·《찬성하는 사람이 없는 중요한 진실이란 무엇인가(賛成する人いない大切な真実とは何か)》, 피터 틸, 이토이 히게사토(糸井重里)

·《스무 살에 알았더라면 좋았을 것들: 스탠퍼드대 미래인생 보고서(What I wish I knew When I was 20)》, 티나 실리그(Tina Seelig)

·《시작하기 전에 알았더라면 좋았을 것들: 스탠퍼드대 미래실행 보고서(Insight Out)》, 티나 실리그

·Paul Graham, Hoe to Make Pittsberg a Startup Hub.

http://www.paulgraham.com/pgh.html

*** 끝머리에**

·Max Roser and Esteban Ortiz-Ospina, World Poverty.

http://ourworldindata.org/world-poverty/

·Max Roser, Life Expactancy.

http://ourworldindata.org/life-expactancy/

·Chelsea German, Americans in 2016 Richer Than John D. Rockefeller in 1916.

http://americans-in-2016-richer-than-john-d-rockefeller-in-1916

·《이성적 낙관주의자: 번영은 어떻게 진화하는가(The Rational Optimist)》, 매트 리들리(Matt Ridley)

·Greg Kumparak, Boom, the startup that wants to build supersonic planes, just signed a massive deal with Virgin.

http://techchurch.com/2016/03/23/boom-the-startup-that-wants-to-build-supersonic-planes-just-signed-a-massive-deal-with-virgin/

스타트업, 역설적 사고와 전략으로 시작하라!

퍼스트 스타트업

초판 1쇄 인쇄 2018년 3월 9일
초판 1쇄 발행 2018년 3월 20일

지은이 우마다 타카아키
옮긴이 정윤아
펴낸이 이범상
펴낸곳 (주)비전비엔피·비전코리아

기획 편집 이경원 심은정 유지현 김승희 조은아 김다혜 배윤주
디자인 이은주 조은아 임지선
마케팅 한상철 금슬기
전자책 김성화 김희정 김재희
관리 이성호 이다정

주소 우) 04034 서울특별시 마포구 잔다리로7길 12 (서교동)
전화 02) 338-2411 | **팩스** 02) 338-2413
홈페이지 www.visionbp.co.kr
이메일 visioncorea@naver.com
원고투고 editor@visionbp.co.kr
인스타그램 www.instagram.com/visioncorea
포스트 post.naver.com/visioncorea

등록번호 제313-2005-224호
ISBN 978-89-6322-127-4   13320

· 값은 뒤표지에 있습니다.
· 잘못된 책은 구입하신 서점에서 바꿔드립니다.

이 도서의 국립중앙도서관 출판시도서목록(CIP)은 서지정보유통지원시스템 홈페이지(http://seoji.nl.go.kr)와 국가자료공동목록시스템(http://www.nl.go.kr/kolisnet)에서 이용하실 수 있습니다.(CIP제어번호: CIP2018006968)